Manja Reinhardt

Glücksorte im Vogtland

Fahr hin & werd glücklich

Dieses

Glücksbuch

ist für

Liebe Glücksuchende,

kommen Sie mit auf eine Entdeckungsreise durchs Vogtland – eine Region, die geprägt ist von vielfältiger Landschaft, aber auch durch ihre lange Geschichte. Das Vogtland ist das Land der Vögte von Weida, Gera und Plauen. Deren Einflussbereich reicht bis ins 11. Jahrhundert zurück und bestimmte über lange Zeit die Region. Trutzige Burgen, malerische Ruinen und herrschaftliche Schlösser zeugen von ihren Spuren. Das historische Gebiet des Vogtlands reicht im Süden von Westsachsen bis nach Oberfranken und ins Böhmische hinein sowie im Westen bis nach Thüringen. Wie auf einer Perlenkette reihen sich im Vogtland zahlreiche Glücksorte aneinander. Naturschönheiten und pittoreske Orte, Bekanntes und Verstecktes, Tradition und Moderne wechseln einander ab. Das spiegelt sich auch in dem Buch wider, das Sie jetzt in den Händen halten. Auf der Suche nach den Glücksorten ist eine bunte und persönliche Mischung entstanden, die die perfekte Inspiration für Einheimische und Touristen ist. Egal, ob bei einer Wanderung durch die weiten Wälder, einem Spaziergang durch romantische Städte und Dörfer, bei einem Museumsbesuch oder bei einem Bad im kühlen Nass der herrlichen Talsperren oder in den ruhigen Seen, das Glück finden Sie im Vogtland an vielen Stellen. Es wartet nur darauf, entdeckt zu werden.

Viele wunderbare Glücksmomente wünscht Ihnen

Ihre Manja Reinhardt

Deine Glücksorte ...

… noch mehr Glück für dich

"Glück"

Atemberaubender Fotospot

1 Die Ziemestalbrücke mitten im Wald

Die Ziemestalbrücke ganz in der Nähe von Ziegenrück ist ein beeindruckendes, aber verstecktes Bauwerk, das man nur nach einer kurzen Wanderung durch den Ottergrund erreicht. Der Ausgangspunkt für die Wanderung, die für Eisenbahn- und Naturfreunde gleichermaßen ein Erlebnis ist, ist der Parkplatz am Ottergrund. Er befindet sich wenige Meter hinter der Ottermühle zwischen Liebschütz und Drognitz. Von hier aus geht es auf einem breiten Waldweg entlang des Otterbachs Richtung Talsohle. Idyllisch führt eine kleine Holzbrücke über den Fluss. Nun kann man die Ziemestalbrücke gar nicht mehr verfehlen. Schon von unten sieht sie unglaublich spektakulär aus. Mit ihrer Bauweise aus genietetem Stahl erinnern die Pfeiler ein wenig an den Eiffelturm. Vor der Brücke schlängelt sich rechts ein Trampelpfad den Berg nach oben. Auch wenn er steil aussieht, lässt er sich gut laufen und ist auch für ungeübte Wanderer kein großes Hindernis. Imposante Blicke auf das Bauwerk entschädigen für den kurzen Anstieg. Nach wenigen Metern ist man oben angekommen. Was für ein Ausblick über das Ziemestal! Und was für eine architektonische Leistung, diese Brücke hier ins enge Tal gebaut zu haben. Zweifelsohne ist die Ziemestalbrücke eine der schönsten Brücken Deutschlands. Die 115 Meter lange und 32 Meter hohe Überführung wurde 1893 bis 1895 für die Bahnstrecke im Reußischen Oberland erbaut, um das Ziemestal zu überwinden. Fünf Pfeiler tragen die Brücke, die leicht gekrümmt in einer Kurve das Tal überspannt. Sie wurde vollständig aus Stahl errichtet, in der damaligen Zeit der modernste Baustoff. Entstanden ist ein Bauwerk, das seinesgleichen sucht. Wie kleine Streichhölzer wirken die stählernen Verstrebungen und doch sind sie sehr stabil. Mit der Stilllegung der Eisenbahnlinie wurde die Brücke unter Denkmalschutz gestellt. Am Wochenende werden Draisinenfahrten über die Strecke ab Ziegenrück angeboten. Die erlebnisreiche Tour führt durch mehrere Tunnel entlang der spektakulären Landschaft.

TIPP

Eine Abzweigung am Wanderweg im Ottergrund führt zur sehenswerten Ruineder einst vögtischen Wysburg.

● Ziemestalbrücke, 07338 Drognitz (Parkplatz Ottergrund an der L 2366)

Unendliche Weiten

2 Weltraumbahnhof Rautenkranz – Pension & Bistro

In Morgenröthe-Rautenkranz war man den Sternen schon immer ganz nah. 1937 wurde hier Sigmund Jähn geboren. Er flog als erster Deutscher 1978 ins All und kurz darauf öffnete im ehemaligen Bahnhof Rautenkranz eine Ausstellung über den legendären Flug. Mit der Erweiterung des Museums zur deutschen Raumfahrtausstellung wurden die Räume zu klein und man zog in ein neues Gebäude. Lange Zeit wartete der Bahnhof auf ein neues Leben. 2020 war es so weit. Aus dem ehemaligen Bahnhofsgebäude wurde ein stilechter Weltraumbahnhof. Hier bucht man nicht nur ein Zimmer, sondern eine ganze Zeitreise. Der Weltraumbahnhof entführt die Gäste in die retrofuturistische Welt des Steampunk. Mit Betreten des Hauses beginnt eine fantastische Reise in eine Welt, die das viktorianische Zeitalter und seine technischen Erfindungen mit Science-Fiction verbindet. Man fühlt sich in die literarischen Sphären von Jules Verne und Robert Kraft versetzt. Die Reise durch die Zeit kann man im Ozeandampfer, im Orient-Express, im Dampfmobil, aber natürlich auch im Zeppelin und im Raumschiff antreten. Zusätzlich gibt es das barrierefreie U-Boot. Die Zimmer sind stilecht eingerichtet und begeistern mit zahlreichen Feinheiten. Industrielle Elemente werden kunstvoll mit der Einrichtung verbunden. So finden sich Dachfenster als Spiegel wieder und aus Bahnheizkörpern werden stilistisch passende Lampen. Überall im Weltraumbahnhof erzählen Reiseutensilien und Karten von Reisen, die so oder ähnlich passiert sein könnten. Im Weltraumbahnhof ist eine detailverliebte Welt entstanden, die die Gäste selbst zu Entdeckern und Abenteurern werden lässt. Man möchte am liebsten sofort zu einer eigenen großen Tour aufbrechen. Da Reisen in ferne Welten auch hungrig macht, können die Entdecker gleich in das Bistro im Erdgeschoss des Weltraumbahnhofs einkehren. Hier trifft man ebenfalls auf den gelungenen Steampunk-Retro-Mix. Er durchzieht sogar die Speisekarte, die kleine, feine Köstlichkeiten bereithält.

TIPP

In Sichtweite zum Weltraumbahnhof befindet sich die Deutsche Raumfahrtausstellung.

● Weltraumbahnhof Rautenkranz – Pension & Bistro, Dr.-Sigmund-Jähn-Straße 8, 08262 Muldenhammer, Tel. (03 74 65) 37 99 47, www.wbf-1875.de
● ÖPNV: Bus 22, Haltestelle Rautenkranz, Raumfahrtmuseum

Dem Moor auf der Spur

3

Der Moorerlebnispfad im Pöllwitzer Wald

Zwischen den Städten Zeulenroda und Greiz befindet sich der Pöllwitzer Wald. Er ist eines der größten zusammenhängenden Waldgebiete der Region. Ihn zeichnen besonders seine zahlreichen Moorflächen aus. Dem Moor wurde hier ein eigener Erlebnispfad gewidmet. Dieser besondere Lebensraum für zahlreiche Tiere und Pflanzen kann auf einem rund 650 Meter langen Bohlensteg erkundet werden. Am Wegesrand begleiten den Besucher 20 informative Tafeln, die über das Moor und über die Tier- und Pflanzenwelt Auskunft geben. Man erfährt eine Menge über die Entstehung der Moore, ihre Nutzung, ihre Bedeutung für den Klimaschutz und über die speziell auf Moore ausgerichtete Flora und Fauna. Die Tafeln sind auch für Kinder sehr interessant gestaltet, denn es gibt immer wieder Elemente, bei denen selbst etwas ausprobiert und entdeckt werden kann. Einen besonders schönen Blick über das Moor hat man von dem 9 Meter hohen hölzernen Aussichtsturm. Sowohl am Aussichtsturm als auch an verschiedenen Stationen gibt es Sitzgelegenheiten, die zum Verweilen einladen. Am besten erreicht man den Moorerlebnispfad vom Wanderparkplatz in Neuärgerniß. Der etwa 2 Kilometer lange Weg zum Erlebnispfad beginnt am direkt gegenüberliegenden Forstweg. Aufgrund der guten Ausschilderung kann man ihn gar nicht verfehlen. Außerdem gibt es hier zahlreiche weitere Wander- und Radwege, auf denen man die Natur genießen kann. Das Moor ist zu jeder Jahreszeit ein Erlebnis für die Sinne. Im Frühjahr sind die Wiesen überzogen vom Wollgras, im Herbst blüht die Erika und manchmal kann man Orchideen entdecken. Und mit viel Glück kann man auch einen der selten gewordenen Schwarzstörche beobachten. Aber das war nicht immer so, denn 1964 sperrte die NVA (Nationale Volksarmee der DDR) das Waldgebiet ab und errichtete hier einen Schießstand. Sogar Teile der Grenze wurden im Moor nachgestellt, denn hier wurden die Grenztruppen ausgebildet. Erst nach 1990 war der Zugang zum Wald wieder gestattet. Was für ein Glück!

TIPP

Im nahen Niederböhmersdorf öffnet sonntags in der Alten Turmschule von 14 bis 17 Uhr ein kleines Café.

- Moorerlebnispfad, 07937 Zeulenroda-Triebes (Wanderparkplatz Neuärgerniß an der B 94)
- ÖPNV: Bus 24, Haltestelle Neuärgerniß, Mitte

Scherben bringen Glück

4

Selb, die Stadt des Porzellans

Auch wenn heute nur noch wenig Porzellan in Selb produziert wird, ist das weiße Gold in der Stadt sehr präsent. An zahlreichen Ecken wird an die Wirtschaftsgeschichte der Stadt angeknüpft. Am eindrucksvollsten geschieht dies im Porzellangässchen. In einer schmalen Gasse, die die Ludwigstraße und das Gerbergässchen verbindet, wurden 55.000 farbige Porzellanteile verarbeitet. Selbst die Gullydeckel sind mit Porzellan verziert. Entstanden ist ein kunstvolles Mosaik, das man betreten kann. Und keine Angst, es geht nichts kaputt, denn die Scherben sind aus stabilem Industrieporzellan hergestellt. Es ist ein einmaliges Wahrzeichen der Stadt, das seit 1970 die Einheimischen und ihre Gäste erfreut. Das heutige Aussehen erhielt die Gasse 2003 mit einer Umgestaltung durch die Porzellankünstlerin Barbara Flügel. Hier bringen Scherben wahrlich Glück. Aber auch an anderen Orten ist in Selb das Porzellan präsent. Verschiedene Brunnen sind aus dem edlen Material gestaltet, die Stadtgeschichte wurde auf Porzellanfliesen verewigt, man kann sich auf einer Porzellanbank ausruhen und sogar einige Straßenschilder sind aus Porzellan. Zur Weihnachtszeit steht auf dem Marktplatz ein mit Porzellan geschmückter Weihnachtsbaum. Tassen, Kannen und andere Gegenstände aus Porzellan machen ihn zu einem Hingucker. Und wer mit dem Auto nach Selb fährt, entdeckt überdimensionierte Kaffeekannen an den Ortseingängen. Man kann sie gar nicht verfehlen. Eine der Kannen ist sogar die größte der Welt. Sie steht gegenüber der Staatlichen Berufsfachschule für Produktdesign direkt an der A93. Sie kommt auf die stattliche Höhe von 4,85 Metern. Das formschöne Design orientiert sich an einer in Selb in den 1930er-Jahren produzierten Kanne. 60.000 Kaffeetassen könnte man mit ihrem Inhalt füllen. Quasi ein lebenslanger Kaffeevorrat. Eine zweite Kanne steht am Kreisverkehr in der Nähe zur Autobahnausfahrt Selb-Nord. Sie bildet auf ihrer bauchigen Form eine Welt aus Porzellan nach.

TIPP

Im Porzellanikon erfährt man mehr über die Herstellung des weißen Goldes.

- 95100 Selb, www.selb.de
- ÖPNV: RB 96, Haltestelle Selb Stadt

Es war einmal …

5 Im märchenhaften Hermann-Vogel-Haus in Krebes

Hermann Vogel ist einer der bekanntesten Künstler des Vogtlandes. Selbst wenn einem der Name auf Anhieb nichts sagt, so kennt man doch seine wunderbaren Illustrationen zu Grimms Märchen. Dem 1854 in Plauen geborenen Zeichner und Illustrator der Spätromantik ist in seinem ehemaligen Wohnhaus und Atelier in Krebes ein Museum gewidmet – das Hermann-Vogel-Haus. Es gleicht einem wahren Märchenhaus und schon von außen ist man verzaubert von der Ruhe und Idylle, die es ausströmt. Das villenartige romantische Fachwerkhaus hat zahlreiche Verzierungen, die Vogels Märchenillustrationen entstammen könnten. Umrahmt wird es von einem naturbelassenen Garten mit einem Froschkönigbrunnen und Bänken, die zur Pause einladen. Durch die Lage auf einer kleinen Anhöhe kann man von der Terrasse den Blick über das romantische Burgsteingebiet schweifen lassen. Im Museum selbst geben zahlreiche Illustrationen und Zeichnungen Einblick in das Wirken von Hermann Vogel. Er machte sich einen Namen durch die Illustration der deutschen Heldensagen und später von Grimms Märchen. Er schuf wunderbar gezeichnete, humorvolle Bilder, die sich durch einen großen Detailreichtum auszeichnen und den Betrachter heute noch verzaubern. Sie sind gleichzeitig Ausdruck seiner Liebe zur Natur und zur vogtländischen Heimat. Das Hermann-Vogel-Haus ist ein perfekter Ausgangspunkt für Wanderungen durch das schöne Burgsteingebiet, wo man einige der Sujets von Hermann Vogel wiederentdecken kann. Besonders empfehlenswert ist der Burgstein-Lehrpfad, dessen Highlight die Burgsteinruinen sind. Die beiden imposanten Ruinen lassen die einstige Größe der ehemaligen Wallfahrtskirchen auch heute noch erahnen. Zahlreiche Tafeln informieren über die Geschichte des Gebietes. Der Verein, der sich um die Erhaltung kümmert, veranstaltet in jedem Jahr einen Frühjahrsmarkt sowie einen sehr stimmungsvollen Weihnachtsmarkt, bei dem man die Ruinen auch von innen besichtigen kann.

TIPP

In den Sommermonaten kann man im Hermann-Vogel-Haus eine Ferienwohnung mieten.

● Hermann-Vogel-Haus, Burgsteinstraße 5, 08538 Burgstein OT Krebes
www.vogtlandmuseum-plauen.de/hermann-vogel-haus
● ÖPNV: Rufbus 57, Haltestelle Krebes, Schule

Die Lizenz zum Genießen

6 Der perfekte Blick auf Loket

Ganz in der Nähe von Karlsbad liegt das kleine Städtchen Loket. Der deutsche Name „Elbogen“ weist schon auf die besondere Lage hin, denn der Fluss Ohře (Eger) umschließt die kleine Stadt zu fast allen Seiten und bildet eine Art Ellenbogen. Loket ist eine Stadt wie aus dem Bilderbuch. Sie thront auf einem Granitfelsen und ist nur im Norden mit dem Land verbunden. Die Burg Loket ist die Dominante in der Stadt und wurde Ende des 12. Jahrhunderts auf dem Felssporn errichtet. Heute befindet sich in ihrem Inneren ein Museum. Kurz nach dem Burgbau entstand in direkter Nähe das Städtchen Loket mit seinen pittoresken kleinen Häusern und dem sehenswerten Marktplatz. Heute steht es zu Recht unter Denkmalschutz. Den besten Blick auf Loket hat man von der anderen Seite der Eger. Unterhalb der Burg führt eine Brücke über den Fluss. Schon von hier bietet sich ein fantastischer Blick auf die Burg. Aber es geht noch besser. Nach einem kurzen Spaziergang erreicht man linker Hand der Brücke eine Anhöhe mit einem kleinen Rastplatz, der zu einem Picknick einlädt. Von dem idyllischen Ort hat man den perfekten Blick auf die Burg, das zauberhafte kleine Loket und auf die Ohře, die die Stadt umfließt. Zu jeder Jahreszeit ist es ein wunderbarer Platz für eine kleine Auszeit. Ob Daniel Craig den Blick auch bewundern konnte, lässt sich leider nicht sagen, aber er hatte als James Bond hier einen großen Auftritt. Das pittoreske kleine Städtchen gefiel den Machern von James Bond so sehr, dass hier eine Szene von „Casino Royale“ mit Daniel Craig spielt. Auch wenn in Loket gedreht wurde, stellt es im Film einen Ort in Montenegro dar. Direkt am Brunnen auf dem Marktplatz parkt James Bond rasant seinen Aston Martin und kurze Zeit später trifft er im Freisitz eines Restaurants auf seinen Kontaktmann vom MI5. Aus vier Wochen Dreharbeiten wurden letztlich kurze 90 Sekunden Filmmaterial. Trotzdem kann man sich auf dem Streifzug durch Loket ein bisschen wie James Bond fühlen.

TIPP
Einkehren kann man entweder auf dem Markt oder kurz vor der Brücke in der Brauerei Svatý Florian.

- Aussichtspunkt zwischen Parkoviště P2 (Parkplatz 2) und Most přes Ohři (Brücke über die Ohře), CZ-35733 Loket, www.loket.cz/de
- ÖPNV: Bus 481810 ab Karlovy Vary, Haltestelle Loket Markt

Ein Spitzentraum

7 Manufakturhandwerk bei der Modespitze Plauen

Plauen und die Spitze sind untrennbar miteinander verbunden. Was für ein Glück, dass das textile Erbe bis heute fortbesteht. Lebendig wird es bei einem Besuch der Modespitze in der Innenstadt von Plauen. In der Annenstraße befindet sich nicht nur das Geschäftshaus der Firma, sondern auch ein Manufakturverkauf mit angeschlossener Schauwerkstatt. Hier taucht man ein in eine Welt aus Spitze. Seit 1897 wird bei der Modespitze in vierter Generation das traditionsreiche vogtländische Produkt hergestellt. Damit ist sie eine der ältesten noch existierenden Spitzenfirmen. Beim Betreten des Ladens sticht dem Besucher sofort die große historische Stickmaschine ins Auge. Es ist eine VOMAG-Stickmaschine aus dem Jahr 1911, die ebenfalls in Plauen hergestellt wurde. Sie kann auf Wunsch vorgeführt werden. Die Funktionsweise ist ähnlich wie bei einer Nähmaschine: Es gibt ein Schiffchen, das hinter dem Stoff liegt und den Vorderfaden von der Nadel aufnimmt und hinter dem Stoff bindet. Nur, dass es hier nicht ein Schiffchen und eine Nadel gibt, sondern Hunderte Nadeln und Hunderte Schiffchen. Wie lang das Einfädeln dauert, möchte man sich gar nicht vorstellen. Vom lauten Rattern begleitet, stechen die Nadeln blitzschnell in den Stoff und jede von ihnen stickt das gleiche Muster in teils bis zu acht Lagen übereinander. So entsteht die für die Plauener Spitze typische Dreidimensionalität und Erhabenheit. Wie faszinierend, wenn man dem Muster bei der Entstehung zuschauen kann. Im liebevoll eingerichteten Laden fällt der Blick auf die Farben- und Mustervielfalt der Spitze. Hier gibt es nicht nur klassische Decken und Gardinen in Weiß und Creme, sondern auch moderne Schals und verführerische Shirts aus dem edlen Material in unterschiedlichsten Farben. Wer kann da der Magie der Spitze noch widerstehen? Die Modespitze Plauen ist ein lebendiges Stück Industriekultur mitten in Plauen und damals wie heute wird die Spitze direkt in der Stadt im Herzen des Vogtlandes gefertigt.

TIPP

Mehr Maschinen kann man bei einer Führung durch die Schaustickerei im Plauener Obstgartenweg sehen.

- Modespitze Plauen, Annenstraße 9, 08523 Plauen
  www.modespitze.de
- ÖPNV: RB 2, 5, Haltestelle Oberer Bahnhof Plauen (Vogtlandbahn); Straßenbahn 1, 2, 4, 5, 6, Haltestelle Capitol

Die Freiheit der Kunst

8 Eugen Gomringer in Rehau

Eugen Gomringer, Sohn eines Schweizers und einer Bolivianerin, fand sein Zuhause im oberfränkischen Rehau. Von hier aus versprüht er den Funken der Konkreten Poesie, als dessen Vater er gilt, in die ganze Welt. Der Poesie, die sich durch eine minimalistische Verwendung der Wörter und eine grafische Anordnung auszeichnet, gab er in Analogie zur Konstruktiven Kunst ihren Namen. In seinem ersten Gedichtband von 1953 erschien das spanische Gedicht „avenidas". Jahrelang zierte es die Fassade der Berliner Alice Salomon Hochschule, bis es die Studentinnen 2018 diskriminierend fanden. Stein des Anstoßes war der letzte Satz des Gedichtes: „Alleen und Blumen und Frauen und ein Bewunderer". Die Kritikerinnen fühlten sich zum Objekt der Begierde herabgesetzt. Aber ist Bewunderung nicht Anerkennung und Freude? Ähnlich sieht man es in Rehau, denn hier wurde das Gedicht, nachdem es in Berlin übermalt worden war, auf einer Fassade am Marktplatz verewigt. Gomringers Poesie zeichnet sich durch eine große Spannkraft aus. Er hat es wie kein Zweiter geschafft, die Semantik und die Anordnung der Wörter spielerisch zu verbinden, und damit auch die deutschsprachige Literatur verändert. Ob „avenidas" ein provokantes Gedicht ist oder einfach glücklich macht, davon kann sich nun jeder in Rehau selbst überzeugen. Gomringer hat in Rehau aber noch mehr Spuren hinterlassen. Nachdem aus einer ehemaligen Schule das Kunsthaus Rehau wurde, gründete er dort mit seiner Frau das IKKP, das Institut für Konstruktive Kunst und Konkrete Poesie. Hier finden mehrmals im Jahr Ausstellungen statt. Es widmet sich thematisch der Konstruktiven Kunst und den verschiedenen Formen der visuellen und Konkreten Poesie. Auch das umfangreiche Archiv von Eugen Gomringer hat hier seine Heimstatt gefunden. Im Garten des Hauses entstand ein wunderschöner Skulpturenpark mit Teilen seiner umfangreichen Sammlung Konstruktiver Kunst. So kann man in Ruhe und umrahmt vom Grün des Gartens seinen eigenen Zugang zur modernen Kunst finden.

TIPP

Im Museum am Maxplatz erfährt man mehr über Rehau als Modellstadt.

● Haus mit Gedichtaufschrift, Maxplatz 9, 95111 Rehau
Kunsthaus Rehau, Kirchgasse 4, 95111 Rehau, www.kunsthaus-rehau.de
● ÖPNV: RB 96, Haltestelle Rehau

avenidas
avenidas y flores
flores
flores y mujeres
avenidas
avenidas y mujeres
avenidas y flores y mujeres y
un admirador
eugen gomringer

Mit Lenin im Kloster

9

Im Garten des Franziskanerklosters in Cheb

Eingerahmt vom 1210 erbauten Franziskanerkloster und der mittelalterlichen Stadtmauer verbirgt sich mitten in Cheb ein unerwarteter Ort der Ruhe und Stille. 2002 wurde der Garten als einer der ersten Plätze in Cheb wieder neu gestaltet. Während rundherum die Häuser noch trist aussahen, war der Garten schon eine blühende Oase und für viele Einwohner Chebs ein Hoffnungsträger. Der Klostergarten besteht aus zwei Teilen. Im vorderen Teil ist ein geometrisch gestalteter Garten mit zahlreichen Bänken. Im hinteren Abschnitt betören die Spalierrosen die Besucher mit ihrem Duft. Der Garten ist aber nicht nur ein Ort der Erholung, sondern auch ein besonders schönes Beispiel für den Schwejk'schen Humor in Tschechien. Hier, eingesperrt in den Klostermauern, steht eine überlebensgroße Statue von Wladimir Iljitsch Uljanow, besser bekannt als Lenin. Schon von Weitem meint man, ihn an seinem charismatischen Kopf und der Schiebermütze zu erkennen, und fragt sich: „Ist das dort Lenin?" – „Ja, ist er." Bis 1990 stand die Statue am Hauptbahnhof von Cheb. Nach der „Samtenen Revolution" wurde er von dort verbannt. Aber sollte man Lenin wirklich einschmelzen und vernichten? Man entschied sich, die überflüssig gewordene Statue an einen Ort zu stellen, wo sie niemanden stört. Dafür wählte man die Ecke im Klostergarten, wo das Kloster der Franziskaner auf die Kirche Mariä Verkündigung trifft. Bald schon wurde Lenin eine Statue des kommunistischen Schriftstellers Julius Fučík zur Seite gestellt. Sein Denkmal stand bis dato im nahen Františkovy Lázně (Franzensbad). Bewacht werden beide vom Soldaten „Na stráži míru" (Auf Friedenswacht) mit Kalaschnikow und Schäferhund, der in einem Park in Cheb stand. Der übergroße Lenin, der wesentlich kleinere Fučík und der Steinsoldat bilden ein aberwitziges Bild, das auf seine Art an die vergangene Zeit erinnert. Die Ausgelagerten verbringen ausgerechnet in einem Kloster die letzten Tage und sind dem Spott ihrer Betrachter ausgesetzt.

TIPP

Das Franziskanerkloster mit seinem gotischen Kreuzgang kann von Mai bis Oktober besichtigt werden.

- Klostergarten (Klášterní zahrada), Hradební 615, CZ-35002 Cheb
- ÖPNV: RB 2, Haltestelle Hauptbahnhof (rund 1,2 Kilometer Fußweg, 15 Minuten)

Natur trifft Kultur

10 Im Landschaftspark von Ebersdorf

Oft sind es die kleinen und unbekannteren Orte, die einen absolut begeistern, so auch Ebersdorf unweit von Bad Lobenstein. In Ebersdorf kann man durch den idyllischen Landschaftspark entlang der alten Schlossanlagen wandeln. Der kleine, beschauliche Ort wurde 1678 durch Erbteilungen quasi über Nacht zu einer Residenzstadt. Schon die Entstehungsgeschichte klingt wie ein Märchen: Drei Brüder aus der Linie Reuß-Lobenstein teilten sich die ursprüngliche Grafschaft: Der Älteste bekam Lobenstein und das dortige Schloss und nannte es weiter Reuß-Lobenstein. Der mittlere Bruder erhielt das Schloss Hirschberg und nannte die Grafschaft Reuß-Hirschberg. Für den jüngsten Sohn blieb nur noch das Rittergut in Ebersdorf. In Ermangelung eines größeren Ortes erwählte er das kleine Ebersdorf zur Hauptstadt seiner Grafschaft Reuß-Ebersdorf. Das vorhandene Rittergut wurde zu einem Schloss ausgebaut. In Bezug auf das Fürstentum, das nur über wenige Quadratkilometer reichte, war das Schloss groß und repräsentativ. Der das Schloss umgebende Garten wurde um 1800 zu einem Landschaftspark erweitert. Es wurden Tausende Bäume gepflanzt, zum Teil auch exotische Pflanzen. Eine schon vorhandene kleine Orangerie wurde 1790 durch einen großen klassizistischen Bau ersetzt. Schloss und Orangerie warten heute auf eine Nachnutzung. Nichtsdestotrotz ist der Park ein herrlich ruhiger Ort. Die Wege führen auf verschlungenen Pfaden durch den Park, vorbei an dem Teehäuschen, den kleinen Teichen oder auch am Bachlauf der Friesau entlang. Die alten Bäume und die Wege, die alleenartig von Bäumen überdacht werden, verströmen einen ganz außergewöhnlichen Reiz. Besonders unerwartet ist, dass man im Park auf die einzige Freilandplastik von Ernst Barlach in Thüringen und dem Vogtland trifft. Heinrich XLV. wollte für seine Eltern und seine Brüder im Park ein Grabmal errichten lassen. Mit den „Trauernden" entstanden 1929 herausragende und ausdrucksstarke Figuren, die auch heute noch einen tiefen Eindruck hinterlassen.

TIPP

Ebersdorf wird von der weitestgehend im Originalzustand erhaltenen Herrnhuter Colonie geprägt.

- Schloss und Landschaftspark Ebersdorf, 07929 Saalburg-Ebersdorf
- ÖPNV: Bus 610, 620, Haltestelle Ebersdorf Wartehalle

Süßes Glück

11 Die Patisserie Bergmann in Stelzendorf

Stelzendorf ist ein Ortsteil von Zeulenroda. Er liegt naturnah an der Talsperre Zeulenroda. Mitten in der dörflichen Idylle wartet hier ein Kleinod auf den Besucher – die Patisserie Bergmann. Sie ist ein Paradies für alle, die Süßes mögen. Zum Glück hat sich Doreen Bergmann 2011 entschieden, die Juristerei an den Nagel zu hängen und lieber ihre Leidenschaft für Süßes in ihrem Heimatort auszuleben. Am Dorfanger öffnet sich hinter dem Eingangstor zu einem großen Vierseitenhof eine magische Welt aus süßen Köstlichkeiten. Schon der Innenhof ist ein Traum, einladende Sitzgruppen, zahlreiche Kübelpflanzen und Hochbeete ziehen die Blicke auf sich. Die eigentliche Patisserie befindet sich in der ehemaligen Scheune. In einer Mischung aus Landhausstil und Shabby Chic kann man hier die leckeren Tortenkreationen oder echten Thüringer Blechkuchen verspeisen und dabei die Zeit vergessen. Die kunstvollen Torten in der Patisserie sind ein Traum. Verziert mit essbaren Blumen, kleinen Schokoladenstückchen und Früchten sind sie eigentlich zu schade zum Essen. Sie sind kleine Meisterwerke, die das eine oder andere „Ahhhhh" und „Ohhhhh" hervorrufen, aber auch ganz fantastisch schmecken. Besonders schön: Regionalität spielt bei der Zutatenauswahl eine ganz große Rolle. Vieles kommt aus der Nähe, oft sogar vom eigenen Hof. Aber die Patisserie ist ein Fest für alle Sinne: Die Einrichtung ist mit viel Liebe zum Detail zusammengestellt. Frische Blumen stehen auf jedem Tisch. Zahlreiche unterschiedliche Stühle, Sessel und Sofas laden zum Platznehmen ein und die Dekoration lässt jedes Vintage-Herz höherschlagen. Unter dem Motto „Deko to go" kann das Geschirr von deutschen und skandinavischen Firmen direkt im angeschlossenen Laden gekauft werden. Auch wenn das kleine Schlaraffenland der Patisserie Bergmann mehr Plätze hat, als es in Stelzendorf Einwohner gibt, empfiehlt sich eine Reservierung, besonders an den Wochenenden.

TIPP

Es werden auch Brotbackkurse oder Kurse zur Pralinenherstellung angeboten.

- Patisserie Bergmann, Stelzendorf 15, 07937 Zeulenroda-Triebes, Tel. (03 66 28) 9 76 70, www.patisserie-bergmann.com
- ÖPNV: Bus 35, 45, Haltestelle Stelzendorf

Dem Himmel entgegen

12 Der Skywalk in Pottiga

Tolle Aussichten gibt es im Vogtland viele. Aber der Skywalk in Pottiga auf dem Wachhügel ist ziemlich einzigartig. Hoch über dem Tal der Saale kann man einen romantischen Blick über die Landschaft der Oberen Saale genießen. Pottiga ist ein kleiner Ort am Südhang des Saaletals. Zu DDR-Zeiten war er Teil des Sperrgebietes, das heißt, man brauchte eine Sondergenehmigung, um den Ort zu betreten. Zum Glück ist das heute nicht mehr so. Die Grenze verlief damals entlang der Saale. Auch der Wachhügel war aufgrund der Grenze fast 40 Jahre nicht zugänglich, denn er lag unweit der Grenzsicherungsanlagen. Heute ist der Wachhügel Teil des Grünen Bandes am ehemaligen Grenzstreifen. Der Name Wachhügel reicht bis ins Mittelalter zurück, denn er war der perfekte Punkt, um eventuelle Räuberbanden aus dem benachbarten Franken, die es auf das Rittergut im Ort abgesehen hatten, schon vorzeitig zu entdecken. Später war der Hügel ein beliebter Treffpunkt. Daran möchte man auch heute wieder anknüpfen. Mit dem Skywalk und dem danebenstehenden Pavillon ist das sehr gut gelungen. Seit 2011 kann man den einmaligen Blick über das Tal vom Skywalk genießen. Er ist übrigens der einzige Skywalk im Vogtland. Eine leuchtend grüne, 12 Tonnen schwere Metallkonstruktion ragt fragil über den Berg hinaus. Nach 31 Stufen, die direkt in den Himmel zu führen scheinen, steht man in einer Art Aussichtskapsel. Da die Treppen über einem Abhang nach oben gehen, wird das Gefühl, dem Himmel entgegenzulaufen, noch verstärkt. Man schwebt quasi über dem Tal. Von der Plattform bietet sich ein fantastischer Blick über das tief eingeschnittene Tal der Saale. Im Pavillon finden Wanderer oder Radfahrer einen wetterfesten Rastplatz. Aber er hat noch mehr zu bieten: Er liefert touristische Informationen und es gibt einen (kostenpflichtigen) Stromanschluss zum Aufladen von E-Bikes oder Handys. Außerdem bietet er freies WLAN, was man sonst beim Wandern eher selten findet.

TIPP

Den Besuch des Skywalks kann man sehr gut mit einer Wanderung durchs Saaletal verbinden.

- Skywalk in Pottiga, 07366 Rosenthal
- ÖPNV: Bus 720, Haltestelle Pottiga (rund 1,9 Kilometer Fußweg, 20 Minuten)

Meisterwerk der Moderne

13

Henry van de Velde Museum Haus Schulenburg

Am westlichen Stadtrand von Gera befindet sich ein ganz besonderer architektonischer Schatz – hier steht das von Henry van de Velde für den Textilfabrikanten Paul Schulenburg entworfene Haus Schulenburg. Die Villa und der dazugehörige Garten sind ein wahrer Glücksort. Paul Schulenburg hat sich nicht ganz zufällig für Henry van de Velde als Baumeister seiner Villa in Gera entschieden. Beide lernten sich 1906 auf der Dresdner Kunstgewerbeausstellung kennen und schätzen. Familie Schulenburg erwarb dort ein Speisezimmer von van de Velde und in den Folgejahren gab es immer wieder Verbindungen und weitere Ankäufe. Der neue funktionale Stil von van de Velde, der den Übergang vom Jugendstil zum Bauhaus markiert, traf den Geschmack der Familie. So war es keine große Überraschung, dass der Auftrag für die Villa an Henry van de Velde ging. Das geräumige Landhaus wurde in den Jahren 1913/1914 errichtet. Van de Velde entwarf nicht nur den großzügigen Klinkerbau, er zeichnete auch für die Inneneinrichtung verantwortlich. Außerdem entstammten die Möbel, Teppiche, Bezugsstoffe, textile Wandbespannungen und sogar Geschirr und Porzellan seinen Entwürfen. Er schuf mit der Villa ein wahres Gesamtkunstwerk. Dank der Arztfamilie Kielstein, die das Haus 1996 erwarb, um hier eine Suchtklinik zu bauen, strahlt es heute in neuem Glanz. Für die Klinik erhielten sie keine Genehmigung. Da sie ihr Herz aber schon an das Haus verloren hatten, sanierten sie es behutsam und richteten ein Museum ein und schufen ein wahres Kleinod. Neben den Räumen, die das damalige Leben der Schulenburgs und das Schaffen van de Veldes anschaulich darstellen, gibt es thematisch passende wechselnde Sonderausstellungen. Das Museum beherbergt zudem die zweitgrößte Sammlung von Büchern, die Henry van de Velde gestaltet hat. Ergänzt wird die Ausstellung durch zahlreiche Entwurfszeichnungen. In den Kellerräumen des Hauses ist heute eine Kleinkunstbühne beheimatet und im Nebengebäude lädt ein Café zu einer Pause ein.

TIPP

Von van de Veldes Schüler Thilo Schoder ließ sich Schulenburg eine Fabrik für Seidenweberei bauen.

- Henry van de Velde Museum Haus Schulenburg, Straße des Friedens 120, 07548 Gera, www.haus-schulenburg-gera.de
- ÖPNV: Bus 10, 11, 17, 810, Haltestelle Gera, Haus Schulenburg

Wie im Märchen

14 Zu Besuch auf Burg Posterstein

Die märchenhafte Burg Posterstein zwischen Gera und Altenburg blickt auf eine lange Geschichte zurück, die bis ins Mittelalter reicht. Schon von Weitem sieht man den imposanten Turm und man meint, jeden Augenblick lasse Rapunzel ihr Haar herunter. Posterstein erlebte zahlreiche Herren und hatte eine wechselvolle Zeit. Heute ist in der Burg ein Museum beheimatet. Die Dauerausstellung gibt interessante Einblicke in die regionale Geschichte, in die Geschichte der Burg und ihrer Herren sowie in die Salonkultur des frühen 19. Jahrhunderts. Dieser Teil der Ausstellung widmet sich insbesondere Herzogin Anna Dorothea von Kurland, die im benachbarten Löbichau sowie in Tannenfeld Schlösser bauen ließ. Zur Burg gehören außerdem ein geheimnisvolles Verlies und der Turm, die beide besichtigt werden können. Von der Plattform des Turmes hat man bei jedem Wetter einen schönen Ausblick über das Altenburger Land. Wechselnde Sonderausstellungen ergänzen das Angebot auf Burg Posterstein. Besonders beliebt ist die Ausstellung zur Weihnachtszeit. Hier werden jährlich wechselnde Weihnachtskrippen präsentiert.

Die Burg wartet aber mit etwas ganz Besonderem auf – mit der Kinderburg. Dahinter verbirgt sich ein recht einmaliges Konzept für die ganze Familie. Auf verschiedenen Stationen können Kinder auf spielerische Art und Weise die Burg und ihre Geschichte entdecken und dabei eine Menge über das Leben als Ritter oder Burgdame lernen. Wie schwer ist ein Ritterhelm, wie pullert ein Ritter in seiner Rüstung, wie lebten Kinder im Mittelalter? Diese und viele andere Fragen werden verteilt über die ganze Burg erklärt. Und das parallel zur normalen Ausstellung. So können Eltern und Kinder gemeinsam die Burg erkunden, und das jeder auf seine eigene Art.

Direkt neben der Burg befindet sich das ehemalige Herrenhaus, das heute unter anderem eine schicke Ferienwohnung mit Blick auf die Burg beherbergt. Wo kann man schon direkt aus dem Bett auf eine Burg schauen? Ein wahres Glück, so zu erwachen.

TIPP

Das Café Zur eisernen Bank im Herrenhaus hält sowohl süße als auch herzhafte Speisen bereit.

● Burg Posterstein, Burgberg 1, 04626 Posterstein, www.burg-posterstein.de

Kulinarische Glücksmomente

15 Restaurant & Café Waldquelle in Bad Elster

Das Restaurant Waldquelle ist ein wahrer Glücksort. Es liegt idyllisch am Waldesrand in der Nähe des Naturtheaters in Bad Elster. Die Waldquelle blickt auf eine lange Tradition zurück. Schon vor über 100 Jahren konnte man im alten Musikpavillon der Musik lauschen und dazu in der Waldquelle Kaffee und Kuchen genießen. Auch heute lassen sich ein Besuch im Naturtheater und eine Einkehr ins Restaurant wunderbar miteinander verbinden. Aber auch nach einer Wanderung durch den angrenzenden Wald oder als Teil eines Rundganges durch Bad Elster ist die Waldquelle für eine Pause perfekt geeignet. Nach einer behutsamen Sanierung 2008 erstrahlt die Waldquelle heute wieder als Kleinod. Sie ist weitestgehend im Originalzustand erhalten und begeistert mit einer dezenten und gut abgestimmten Inneneinrichtung. Die Waldquelle überzeugt mit einer saisonal wechselnden Karte und erfreut die Gäste mit regionalen Klassikern wie Schweinebraten in Schwarzbiersauce, aber auch mit leichter mediterraner Landküche wie leckerer Maishähnchenbrust auf schwarzen Nudeln. Man findet in der Waldquelle Speisen und Getränke, die so nicht überall im Vogtland auf der Karte stehen. Egal ob Vorspeise, Hauptgericht oder Nachspeise – sie sind mit viel Liebe zubereitet und sehr gut abgestimmt. Etwas ganz Besonderes ist die süße Spezialität des Hauses, die König Albert Makrone, die, ganz eines Königs würdig, mit Blattgold verziert ist. Ergänzt wird das Angebot durch zahlreiche kulinarische Veranstaltungen über das Jahr. Jedes Jahr am Karfreitag wird Fisch im Smoker zubereitet und bei Weinabenden kredenzt man außergewöhnliche Tropfen von nah und fern. Eine Reservierung ist dabei eine unbedingte Empfehlung. In der warmen Jahreszeit kann man in einem der schönsten Biergärten des Vogtlandes sitzen. Der zum Teil überdachte Biergarten verströmt ein ganz besonderes Flair. Mit Blick auf den nahe gelegenen Wald kann man sich eine Verwöhnpause gönnen, bevor man sich auf einen Rundgang durch die Stadt begibt.

TIPP

Das Naturtheater sowie das König Albert Theater laden zu vielen kulturellen Veranstaltungen ein.

● Restaurant & Café Waldquelle, Carl-August-Klingner-Straße 5, 08645 Bad Elster, Tel. (03 74 37) 53 45 20, www.waldquelle-badelster.de

● ÖPNV: Bus 92, 93 94, Haltestelle Wagenhalle

Aussicht mit Schaukel

16

Der schönste Blick auf die Göltzschtalbrücke

Die Göltzschtalbrücke ist sicherlich das bekannteste Bauwerk im Vogtland. Kein Wunder, denn sie ist unglaubliche 574 Meter lang und hat 98 Bogen. Damit ist sie die größte Ziegelsteinbrücke der Welt. 1846 begann man mit dem Bau und schon fünf Jahre später konnte der erste Zug über die Brücke fahren. Die Göltzschtalbrücke besteht fast komplett aus Ziegeln. Lehm als Baustoff kam in der Umgebung vor und so konnte man kostengünstig die Ziegel herstellen. Und davon brauchte man immerhin rund 50.000 Stück am Tag. Insgesamt wurden unglaubliche 26 Millionen Ziegel verbaut. Aufgrund seiner Größe lässt sich das monumentale Bauwerk über das Tal der Göltzsch von zahlreichen Orten in der Umgebung erspähen. Aber den mit Abstand schönsten Fernblick hat man in Netzschkau. Der Aussichtspunkt liegt am Rand der kleinen Stadt nahe der Hermann-Löns-Straße beziehungsweise in der Verlängerung des Reinsdorfer Wegs. Kurz vor dem Feld gibt es Parkmöglichkeiten. Von hier aus sind es nur noch wenige Meter bis zu dem kleinen Rastplatz mit sensationeller Aussicht. Die Ausläufer des Waldes bilden einen malerischen Rahmen für die Brücke. Der Blick über das Feld hin zur Überführung ist einfach fantastisch. So kann man das Bauwerk in seiner Größe besonders gut wahrnehmen. Eine schöne Idee ist die kleine Schaukel, die am Baum befestigt wurde. Was für ein Glücksmoment. Auf der Schaukel fühlt man sich direkt in die Kindheit zurückversetzt. Man kann unbeschwert schaukeln und die wundervolle Sicht genießen. Aber man kann auch direkt an die Göltzschtalbrücke heranfahren und sie von unten bestaunen. An der Brücke lädt ein kleiner Biergarten mit Imbiss zur Rast ein. Besonders schöne Fotomotive ergeben sich, wenn gerade ein Zug über die Brücke fährt. Und wer mit dem Zug zwischen Netschkau und Reichenbach unterwegs ist, kann sich an der Aussicht von oben erfreuen. Der Blick von oben in das tief eingeschnittene Tal ist ebenfalls sehr beeindruckend.

TIPP

Wie der Wettbewerb zum Bau der Brücke ablief, zeigt die Ausstellung in der Burg Mylau.

● Aussichtspunkt Göltzschtalbrücke, Hermann-Löns-Straße, 08491 Netzschkau

Ein Ort zum Innehalten

17 Kapelle Santa Clara in Heinersgrün

Schon von der Autobahn A72 kann man den prägnanten Bau der Santa-Clara-Kapelle sehen, die auf dem 540 Meter hohen Kapellenberg thront. Die Kapelle wurde im 12./13. Jahrhundert durch die Nonnen des Klarissinnenklosters in Hof errichtet, die über große finanzielle Mittel verfügten. Auf sie geht auch der Name der Kapelle Santa Clara zurück. Die bayerischen Wurzeln der Kapelle lassen sich gut an der für Bayern typischen zwiebelförmigen Kuppel erkennen. Die kleine Kapelle wurde von den Nonnen als lokale Pilger- und Wallfahrtsstätte erbaut. Sie wollten ihrer Pflicht des Pilgerns nachkommen, aber auch keine weiten Strecken zurücklegen. So fassten sie den Plan zum Bau der Pilgerstätte in Heinersgrün. Malerisch steht die kleine Kapelle auf dem Hügel. Ein kleiner, steiler Weg führt vom Ort aus direkt nach oben. Der Aufstieg über den schmalen Stieg hinauf auf den Hügel und die Lage macht die Kapelle im Vogtland ziemlich einzigartig. Kein Wunder, dass sie ein beliebtes Wanderziel ist. Gerade bei Sonnenaufgang oder -untergang, wenn die Sonne die Landschaft in ein weiches Licht taucht, meint man, in einem Gemälde zu stehen. Der Rundumblick hier oben ist unbeschreiblich schön. Man kann bis zum Kamm des Oberen Vogtlands und nach Schöneck schauen. Auf der kleinen Bank vor der Kapelle vergisst man schnell die Zeit und kann die Gedanken schweifen lassen. Man versteht, warum die Nonnen gerade diesen Ort für ihre Kapelle gewählt haben. Von hier aus hat man auch einen wunderbaren Blick auf das direkt gegenüberliegende ehemalige Rittergut. Der quadratische Bau mit seinen seitlichen Türmen begeistert durch seine Größe und die Architektur. Wer die schlicht gehaltene Kapelle von innen sehen möchte, kann sich beim Schmied im Ort, direkt am Anfang des Aufstiegs, die Schlüssel abholen. Und jeden Sonntag um 18 Uhr läuten die drei Glocken der Kapelle vom Berg hinab übers Tal.

TIPP

Auf der anderen Autobahnseite steht auf dem Feld der einzig erhaltene innerdeutsche Grenzturm Sachsens.

- Kapelle Santa Clara, An der Kapelle 2, 08538 Burgstein OT Heinersgrün
- ÖPNV: Bus 52, Haltestelle Heinersgrün, Warte

Der Mittelpunkt der Erde

18

Die Erdachse in Pausa

Die Reise zum Mittelpunkt der Erde führt diesmal nicht vom Snæfellsjökull in Island zum Stromboli in Italien, sondern nach Pausa ins Vogtland. Denn hier ist der Mittelpunkt der Erde, zumindest behaupten dies die Einwohner der kleinen Stadt. Auf den alten Karten des Vogtlands ist es noch gut zu erkennen – Pausa bildet den Mittelpunkt des alten Vogtlandes. Und da für den Vogtländer das Vogtland die Welt ist, ist Pausa gleich auch der Mittelpunkt der Erde. So einfach kann eine Erklärung sein. Schon in den frühen Jahren des 20. Jahrhunderts wollte die kleine Stadt ein Stück vom Kuchen des aufkommenden Tourismus abhaben. So kam man auf die Idee, mit dem Mittelpunkt der Erde zu werben. Eine in die Diele der Ratskellerwirtschaft eingelassene Messingkapsel stellt den Mittelpunkt der Erde dar. Sie ist gleichzeitig die Schmierstelle der Erdachse. Und wir wären nicht in Deutschland, wenn nicht alles von einer Kommission überwacht würde: in diesem Fall von der „Erdachsendeckelscharnierschmiernippelkommission“. Wie Jule Verne begibt man sich hinab zum Mittelpunkt der Erde. Nur ist diese Reise nicht so beschwerlich. Nach ein paar Stufen ist man am Ziel. Das Schild „De Erdachs“ weist den Weg durch eine Tür am Seiteneingang des Rathauses. Nach dem Einwurf eines 50-Cent-Stücks geht hinter der Scheibe das Licht an. Nun kann man der 1 Meter aus dem Boden ragenden Erdachse beim Rotieren zuschauen und damit sie sich immer weiter gut dreht, wird Schmiermittel dazugeben. Ein herrlicher Spaß für Groß und Klein. Nach Voranmeldung kann die Erdachse gern selbst geschmiert werden. Dabei wird vorab in der Schmierstube die Drehbewegung mit dem einen oder anderen Gläschen Schmiermittellikör geübt. Aber die Erdachse ist nicht das Einzige, was in Pausa auf den Mittelpunkt der Erde hinweist. Auf dem Dach des Rathauses befindet sich seit 1934 ein 1200 Kilogramm schwerer Glasglobus mit der Aufschrift Mittelpunkt der Erde. Wer genau hinsieht, bemerkt, dass sich die Erde hier verkehrt herum dreht.

TIPP

Ganz in der Nähe befindet sich das beeindruckende Schloss Mühltroff.

- EADSSN Kommission, Neumarkt 1 (rechter seitlicher Rathauseingang), 07952 Pausa, www.erdachse-pausa.de
- ÖPNV: Bus 41, 42, 43, Haltestelle Pausa, Warte

KOORDINATEN DER ERDACHSE
Pausa/Vogtl.
445,258 m ü NN
50° 34′ 54″ nördl. Breite
11° 59′ 45″ östl. Länge

Kaufmannsladen mit Seele

19

Museum in der Löwendrogerie Oelsnitz

Die Löwendrogerie in Oelsnitz ist seit mehr als 100 Jahren eine Institution in der kleinen Stadt im Vogtland. Und sie ist weit mehr als eine Drogerie – denn hier befindet sich gleichzeitig ein Museum. Im Jahre 1922 zieht der Drogist Adolf Friedrich Zschernig mit seiner Drogerie in die Untere Kirchstraße 7. An ihn erinnert der Namenszug am Haus der Drogerie. 1989 übernahm der jetzige Inhaber Michael Schilbach die Geschicke des kleinen Ladens und führt sie bis heute. In den Zeiten der großen Drogeriemarktketten geht die Zahl der inhabergeführten Drogerien leider immer mehr zurück. Umso schöner zu sehen, dass Michael Schilbach seine Drogerie mit Engagement führt und sie gleichzeitig mit dem Museum zu einem ganz besonderen Anziehungspunkt macht. Da sich die verschiedenen Vorbesitzer von vielen Dingen, die zu Beruf und Laden gehörten, nicht trennen konnten, übernahm Schilbach nicht nur den Laden, sondern gleichzeitig einen reichhaltigen Grundstock für das zukünftige Museum. Auf dem Dachboden und im Keller befanden sich unter anderem Teile der alten Ladeneinrichtung, Gefäße, Werbeschilder und ganz viel alte Ware. Die Idee, daraus ein Museum zu gestalten, war schnell umgesetzt. Die ehemalige Drogistenwohnung war dafür perfekt geeignet. Verteilt auf zwei Räume bekommt der Besucher einen wunderbaren Eindruck von einer Drogerie zu Beginn des letzten Jahrhunderts. Die Regale sind voll mit bunten Verpackungen von Seifen und Cremes und zahlreichen Dosen und Gläsern. Von der Erbswurst bis zum Läusemittel, von Waschmittel bis zum Parfüm ist alles vorhanden, was man früher in einer Drogerie kaufen konnte. Im zweiten Raum, dem Kontor, erhält der Besucher einen Einblick in den Büroalltag. Auch wenn die Räume nur etwa 30 Quadratmeter umfassen, kann man unwahrscheinlich viel entdecken. Man kann sich kaum sattsehen an den schönen alten Verpackungen. Alles ist mit Liebe zum Detail zusammengestellt und vermittelt einen wunderbaren Einblick in eine leider fast vergangene Einkaufskultur.

TIPP

Das Schloss Voigtsberg in Oelsnitz widmet sich in einer Ausstellung der Teppichherstellung vor Ort.

- Museum in der Löwendrogerie, Untere Kirchstraße 5, 08606 Oelsnitz/Vogtland www.drogeriemuseum.de
- ÖPNV: RB 2, Haltestelle Bahnhof Oelsnitz (rund 850 Meter Fußweg, 10 Minuten); Bus 50, 90, 91, Haltestelle Heppeplatz

Lebens-Elixir
A. NATTERMANN & Cie
HERZ 4 PUNKT
Herz Stahl
Alte Apotheke
Ein deutsches Qualitäts-Erzeugnis
ORIGINAL SCOTT
Scotts Emulsion
Eulex
Kräuter-Tonikum
Joma Wacholderbeer
Saft

Fantastische Ausblicke

20 Rundgang durch Blankenberg mit Burgruine

Idyllisch über dem Saaletal liegt auf einem Bergsattel die kleine Stadt Blankenberg im Saale-Orla-Kreis. Direkt am Grünen Band gelegen, ist die Stadt in reizvolle Natur eingebunden. Zahlreiche Rad- und Wanderwege machen sie zu einem schönen Ausflugsziel. Aufgrund der erhöhten Lage ist Blankenberg eine Stadt der herrlichen Ausblicke auf die Saale, die die Stadt umfließt. Ein Rundgang führt vorbei an den schönsten Aussichtspunkten. Die Burgruine Blankenberg, im Volksmund werden die Reste der ehemaligen Höhenburg „Altes Schloss" genannt, ist der perfekte Ausgangspunkt für den Weg. Fast wäre die Ruine in Vergessenheit geraten. Erst nach der Wende fanden sich Bürger zusammen, die seit 1995 Reste des Schlosses unter fachkundiger Anleitung freilegen und sanieren. Ihnen ist es zu verdanken, dass auf den alten Grundmauern ein Kleinod entstanden ist. Das alte Tor sowie der Turnierplatz sind gut zu erkennen. Die Stützmauern wurden erneuert und der Schlossgarten am Rittergut liebevoll neu angelegt. Ein maßstabsgetreues Modell vermittelt ein eindrucksvolles Bild davon, wie die trutzige Burg einmal ausgesehen hat. Aus den überwachsenen Resten der Burg ist ein idyllischer Platz entstanden, an dem man gern verweilt. Vom angrenzenden Schlossgarten kann man die Blicke über das Saaletal schweifen und die himmlische Ruhe des Ortes auf sich wirken lassen. Gegenüber dem Eingang der nahe gelegenen Kirche gelangt man zum nächsten wunderschönen Aussichtspunkt. Schilder weisen den Weg Richtung Hochzeitskorb. Er macht seinem Namen, den er den Hochzeitspaaren verdankt, die den idyllischen Platz nach der Trauung gern für die Fotos nutzen, alle Ehre. Romantischer geht es kaum. Von hier aus blickt man auf die angrenzende Stadt Blankenstein und natürlich wieder über das Tal der Saale. Besonders schön ist der Hochzeitskorb bei Sonnenuntergang. Bei einem Picknick und einem Gläschen Wein kann man der Sonne beim Untergehen zusehen und die Stille und den sensationellen Ausblick genießen.

TIPP

Der Weg durch den Ort kann bis zur sehenswerten alten Papierfabrik an der Saale verlängert werden.

- Burgruine Blankenberg, Schloßberg 1, 07366 Rosenthal am Rennsteig
- ÖPNV: Bus 720, Haltestelle Blankenberg Wartehalle

Wiener Kaffeekultur

21 Café Richter in Reichenbach

Das Café Richter in Reichenbach verströmt schon beim Betreten ein nostalgisches Flair und katapultiert den Besucher in eine andere Welt. Mit seiner original erhaltenen Einrichtung bringt es ein Stück Wiener Kaffeehauskultur nach Reichenbach. Stilvolle Holzeinbauten, ein großer Windfang, Parkett, grüne Sitzpolster und Spiegel, die das Licht dezent reflektieren, dazu der Duft von frischem Kaffee. Hier fühlt man sich direkt zurückversetzt in die Beschaulichkeit der 1920er-Jahre. Kein Wunder, dass das Café Richter Anlaufpunkt berühmter Künstler gewesen ist. So zählten Magda Schneider oder auch Paul Linke zu den Gästen. Paul Linke vergaß hier beim Skatspiel die Zeit, sodass er seinen Auftritt im Kaiserhof verpasste und im Café abgeholt werden musste. Das kann man bei einem Besuch des Cafés nachvollziehen, denn hier scheint die Zeit förmlich stillzustehen. Seit 1882 ist im Haus eine Konditorei beheimatet. 1910 übernahm Richard Richter den kleinen Laden mit dem angeschlossenen Café. 1925 ließ er Café und Laden umbauen und beide erhielten ihr heutiges Aussehen. Trotz großer Beschädigung im Zweiten Weltkrieg konnte das Café schon bald öffnen. 1982 wurde aus dem Café Richter das HO Stadtkaffee. Aufgrund seiner schützenswerten Ausstattung wurde es zwei Jahre später in die Kreisdenkmalliste aufgenommen und ist seit 1995 offiziell Kulturdenkmal. Seit 1991 trägt es wieder seinen alten Namen Café Richter und knüpft an die große Tradition an. Was für ein Wunder, dass das Café all die unterschiedlichen Zeiten unbeschadet überstanden hat. Solch schöne nostalgische Cafés sind leider zur Seltenheit geworden. Aber nicht nur das Café ist ein Traum, sondern auch das Angebot. Der selbst gebackene Kuchen ist absolut köstlich. Man fühlt sich wie an Omas Kaffeetafel. Und wer es eher herzhaft mag – im Café Richter gibt es auch Mittagstisch. Im angeschlossenen Laden, in dem ebenfalls die historische Ausstattung erhalten wurde, kann man Kuchen für zu Hause und diverse Süßigkeiten kaufen.

TIPP

Ganz in der Nähe befindet sich das Theater- und Veranstaltungshaus Neuberinhaus.

- Café Richter, Bahnhofstraße 13, 08468 Reichenbach im Vogtland
- ÖPNV: Bus 10, 80, 81, 82, 83, 85, 89, Haltestelle Roßplatz

Kaiserschmarr'n
mit Rosinen,
Puderzucker mit
Apfelmus
5,30€

Prunk und Pracht

22 Die Bergkirche in Schleiz

Eine besonders außergewöhnliche Kirche steht auf einem Hügel oberhalb der Stadt Schleiz und ist schon von Weitem sichtbar. Es ist die Bergkirche von Schleiz. In ihrer über 800 Jahre alten Geschichte ist aus einer kleinen Kapelle eine gotische Kirche des Deutschen Ordens und später eine prachtvolle barocke Kirche entstanden. Noch heute lassen sich in der Kirche die unterschiedlichen Epochen von Romanik über Gotik bis hin zum Barock und Historismus bestaunen. Jede Zeit hat hier ihre Spuren hinterlassen. Die Kirche diente nicht nur als Gotteshaus, sondern sie wurde auch als Begräbniskirche für die Angehörigen des Fürstenhauses Reuß – der einstigen Herrscher über das Vogtland – sowie für vermögende Schleizer Familien genutzt. An sie erinnern zahlreiche Epitaphe in der Kirche. Das Burgk'sche Epitaph aus der zweiten Hälfte des 17. Jahrhunderts ist dabei das größte und prächtigste. Es ist direkt in den Bogen der Turmkapelle eingearbeitet. In ihm wird Familie Heinrich II. Reuß zu Burgk aus geschnitzten Holzfiguren dargestellt. Umrahmt wird die Familie von einem großen blauweißen Wolkenhimmel mit zahlreichen kleinen Engelsfiguren. Welch eine Pracht. Sehr sehenswert und in dieser Form nur noch selten erhalten ist die Flügelorgel. Zu Fastenzeiten werden die großen Flügel der Orgel zugeklappt, damit sie leiser tönt. Zu Ostern werden sie feierlich geöffnet und der Klang der Orgel ist wieder in voller Lautstärke zu vernehmen. Zu den kuriosesten Dingen der Bergkirche gehört sicherlich das Stundenglas an der Kanzel, das die Länge der Predigt bestimmt. Aber auch die Zuhörer können abschätzen, wie lange die Predigt noch dauert. Auf keinen Fall sollte man bei dem Besuch der Kirche einen Blick nach oben verpassen: An der Himmelswiese, die seit 1897 die Kirchendecke ziert, gleicht keine Blumenbemalung der anderen. Man kann sich gar nicht sattsehen. Die zahlreichen kleinen Details machen den Besuch in der Bergkirche zu einem unvergesslichen Erlebnis.

TIPP

Im Rahmen einer Führung kann die sehenswerte Fürstengruft mit den Prunksärgen besichtigt werden.

- Bergkirche, Bergstraße 11, 07907 Schleiz
  www.evangelische-kirche-schleiz.de
- ÖPNV: Bus Linie B, Haltestelle Bergkirche

Eine krimireife Geschichte

23 Das Schloss Petschau in Bečov nad Teplou

Im kleinen Städtchen Bečov nad Teplou im Kaiserwald befindet sich eines der schönsten Schlösser des böhmischen Vogtlandes – das Schloss Petschau. Mit seinem rosa Farbton ist es eines der farbenfrohesten Schlösser und verströmt förmlich gute Laune. Burg und Schloss Petschau vereinen mehrere Baustile, denn im Laufe der Jahre wurde das Schloss immer wieder erweitert. Es befinden sich die mittelalterlichen Teile der gotischen Burg neben dem Renaissancepalast, der einst 15 Säle besaß, und dem barocken Schloss. All das deutet auf die lange und wechselvolle Geschichte hin, die bis ins 14. Jahrhundert reicht. Die gotische Burg wurde auf einem Felssporn am Fluss Teplá wahrscheinlich als Wachburg errichtet. Ein nicht unbedeutender Teil der Burganlage wurde im Dreißigjährigen Krieg zerstört. Die nachfolgenden Besitzer ließen direkt vor der Burg ein repräsentatives Schloss erbauen. Die Burg selbst wurde nie wieder bewohnt. So kommt es heute zu der ungewöhnlichen Architekturvielfalt. 1813 ging das Schloss an Herzog Friedrich von Beaufort-Spontin, einen Kammerherrn von Kaiser Franz II., über. Unter seinem Sohn erfolgten erneut Umbauten und das Schloss erhielt sein heutiges Aussehen. In diese Zeit fällt die Anlage des italienisch anmutenden Terrassengartens, der heute wieder eine Oase der Ruhe ist und zum Flanieren einlädt. Eine Besonderheit des Schlosses ist der Rundweg über einen Bohlensteg, der rund um Schloss und Burg errichtet wurde. Man kann darauf beide umrunden und erhält eine außergewöhnliche Perspektive auf die Schlossanlage. Bekannt wurde die Burg 1985, als die tschechoslowakische Polizei den verschollen geglaubten goldenen Maurusschrein aus dem 13. Jahrhundert unter dem alten Holzfußboden fand. Der reich mit Edelsteinen verzierte romanische Schrein beinhaltet unter anderem die Gebeine des heiligen Maurus. Da die Beauforts nach dem Zweiten Weltkrieg fliehen mussten, vergruben sie den Schrein unter den Dielen der Kapelle, wo er lange versteckt blieb.

TIPP

Bečov ist für seine Forellenzucht berühmt. In den Restaurants steht der Fisch auf jeder Speisekarte.

● Schloss Petschau, Nám. 5. května 13, CZ-36464 Bečov nad Teplou
www.zamek-becov.cz/de

Im Naturparadies

24 Die Plothener Teiche

Die Plothener Teiche liegen auf einer Hochfläche des Thüringer Schiefergebirges nahe den Ortschaften Plothen und Knau und erstrecken sich auf rund 75 Quadratkilometer. Bei Spaziergängen und Wanderungen kann man die Seele baumeln lassen. Der Beiname „Land der 1000 Teiche“ kommt nicht von ungefähr, denn ehemals gab es in diesem Gebiet etwa 1600 Teiche. Heute sind es noch etwa 600. Die Teiche wurden von Mönchen im 11./12. Jahrhundert zum Zweck der Fischzucht angelegt. Aufgrund der Fastentage bestand eine hohe Nachfrage nach Fisch, denn so konnte man geschickt das Fleischverbot umgehen. Schon damals waren die Teiche ein Ort, der glücklich macht. Auch heute spielt die Fischzucht noch eine große Rolle, wie man in den Restaurants der Umgebung sehen kann. Der größte Teich ist der Hausteich. Hier befindet sich das heimliche Wahrzeichen der Plothener Teiche – das Pfahlhaus. Umspült vom Wasser steht es seit Jahrhunderten auf Lärchenpfählen am Rande des Hausteiches. Über seine genaue Entstehung ist nicht viel bekannt. Aufgrund des Alters des Holzes kann man nur vermuten, dass es im 17. Jahrhundert erbaut wurde. In seiner wechselvollen Geschichte war es Jagdhaus, gastronomische Einrichtung, diente als Geräteraum und zur Futtermittellagerung für die Binnenfischerei und letztlich hat es seine Bestimmung als Museum für Fischerei- und Teichwirtschaft gefunden. Zusätzlich gibt es eine kleine Ausstellung über die Geschichte des Hauses. Das Museum ist von Mai bis Oktober an Sonn- und Feiertagen nachmittags für Besucher geöffnet. Das Pfahlhaus ist der perfekte Ausgangspunkt für eine Wanderung durch die reizvolle Seenlandschaft. Auf einem Rundweg kann man auf einem Naturlehrpfad entlangwandern oder die Gegend mit dem Rad erkunden. In der Dämmerung im Frühjahr und Herbst kann man das Schauspiel des Starenwunders erleben. Wenn die vielen Tausend Vögel, die hier ihre Heimstätte haben, allabendlich heimkehren, um im Schilf zu übernachten, verdunkelt sich der Himmel.

TIPP

Ein besonderes Erlebnis ist das Abfischen im Herbst, bei dem man sich auch aktiv beteiligen kann.

● Plothener Teiche, 07907 Plothen
www.land-der-tausend-teiche.de

Glücksoase im Park

25 Das Badehäuschen im Schlosspark Jößnitz

Unterhalb des Schlosses in Jößnitz, das aufgrund seiner Höhenlage schon von Weitem sichtbar ist, befindet sich der kleine, idyllische Schlosspark. Durch den Park führen lauschige Wege und dank der Sichtachse kann man direkt bis zum Schloss hinaufblicken. Der kleine Teich mit seiner Wasserfontäne bildet im Park eine ideale Oase der Ruhe und lädt zum Verweilen ein. Man kann den Enten auf dem Teich zusehen und die Zeit vergessen. Aber der Park hat noch ein weiteres Highlight. Direkt am Teich steht das kleine Badehäuschen im Schweizer Stil. Es befand sich nicht immer im Schlosspark. In den letzten Jahren stand es auf einer Wiese in Jößnitz. Es wurde als Geräteschuppen genutzt und war dem Verfall preisgegeben. Mitglieder des Fördervereins Schloss Jößnitz beschlossen, das Häuschen zu retten und in den Schlosspark umzusetzen. Aufwendig wurde es mit einem Hebekran in den Park transportiert und dort von Grund auf saniert. Heute ist es ein wirklich märchenhafter Ort. Rund um das Badehäuschen stehen diverse Sitzgelegenheiten. Zahlreiche Blumen machen es zu einem gemütlichen und einladenden Platz. Im Haus steht ein Sofa und Bücher liegen bereit, mit denen man sich die Zeit vertreiben kann. Gäste und Einheimische sind eingeladen, das Häuschen zu nutzen. Egal, ob man den Kindern vorlesen möchte oder sich einfach nur ein bisschen Ruhe gönnt, hier ist jeder willkommen. Gern kann man sich ins oder an das Badehaus setzen und verschnaufen oder neue Kraft für den weiteren Ausflug tanken. Und damit es immer so ein schöner Ort des Glückes bleibt, sollte jeder auch ein wenig mithelfen. Blumen gießen oder durchkehren sind schließlich schnell gemacht. Vom Park aus führt ein kleiner Weg hinauf zum ehemaligen Schloss. Der Anstieg wird mit einem idyllischen Blick auf den Ort und den Park belohnt.

TIPP

Ein Spaziergang durch den alten Dorfkern führt an zahlreichen schicken Fachwerkhäusern vorbei.

- Badehäuschen im Schlosspark (Eingang in den Park an der Bahnhofstraße), 08547 Jößnitz
- ÖPNV: RB 2, 3, 5, Haltestelle Jößnitz; Bus 40, Haltestelle Hotel Jößnitz

Wandern macht glücklich

26 Fernsicht vom Hohen Stein

Der Hohe Stein (Vysoký kámen) ist ein Felsmassiv im Böhmischen Vogtland an der Grenze zu Deutschland in der Nähe von Eubabrunn. Start und Ziel der Wanderung ist der Wanderparkplatz am Freilichtmuseum in Eubabrunn. Von hier aus ist der Weg sehr gut ausgeschildert. Der erste Teil führt vorbei an Bauernhäusern, die zum Freilichtmuseum Eubabrunn gehören. Nun geht es immer weiter den Berg hinauf. Kurz hinter der Bergwiese mit einem wundervollen Panoramablick ins Land führt der Weg an der Lohe Hütte vorbei direkt in den Wald. Nach etwa 1 Stunde erreicht man den Hohen Stein auf einer Höhe von etwa 700 Meter. Schon der erste Blick auf die bizarre Felsformation ist fantastisch. Ein wahres Wunder der Natur. Im Laufe der Jahrmillionen haben sich die schroffen Formen des Massivs ausgebildet und prägen die Landschaft mit einmaligen Formationen. Nach dem ersten Innehalten geht es weiter hinauf zum Aussichtspunkt. Vom nördlichen Ende der Felsformation ist der Aufstieg zum Plateau am einfachsten. Mehrere einzelne Felsentürme ragen steil empor. Am nördlichen Ende sind der Schnabel (Zobák) und der Windfelsen (Vêtrná skála) besonders beeindruckend. Der höchste Punkt des Hohen Steins ist der Aussichtsfelsen (Vyhlidková skála). Über einen Metallsteg und eine Leiter erreicht man die Aussichtsplattform. Oben angekommen ist man überwältigt von dem fantastischen Ausblick. Bei gutem Wetter ist die Sicht deutlich über 50 Kilometer. Man blickt über das obere Vogtland, den Kaiserwald und das Fichtelgebirge mit dem Ochsenkopf – eine seltene 180-Grad-Fernsicht von Süd über West Richtung Nord, die sich dem Wanderer hier auftut. Besonders schön ist die Landschaft im Winter, wenn der blaue Himmel und der weiße Schnee alles in ein ganz besonderes Licht tauchen. Die Aussicht zählt auf jeden Fall zu den besten des Vogtlandes. Auf dem Hohen Stein kann man nicht nur die Natur, sondern auch eine unbeschreibliche Stille genießen. Was für ein Glücksgefühl!

TIPP

Im Freilichtmuseum in Eubabrunn kann man Gebäude und Höfe aus vergangenen Zeiten entdecken.

- Hoher Stein (Vysoký kámen), 08265 Erlbach OT Eubabrunn (Parkplatz an der Waldstraße in Eubabrunn)
- ÖPNV: Bus 31, Haltestelle Eubabrunn Freilichtmuseum

Rein in die Kartoffeln

27 Das Kartoffeldenkmal in Pilgramsreuth

Nicht nur im Vogtland ist die Kartoffel eine der beliebtesten Beilagen. Sie steht hier pur, als Bambes (eine Art Kartoffelpuffer) oder als Grüne Klöße (Klöße, die nur aus rohen Kartoffeln gemacht werden und deshalb beim Kochen eine leicht grünliche Farbe annehmen) auf dem Speiseplan. Ihr hat man im bayerischen Vogtland sogar ein Denkmal gesetzt. Es steht in Pilgramsreuth, einem Ortsteil von Rehau. Denn schon 100 Jahre bevor der Alte Fritz den Kartoffelbefehl ausgab, baute man ab 1647 in Pilgramsreuth die Kartoffel an. Direkt neben der Kirche steht eine kleine Bronzeskulptur – das Kartoffeldenkmal, das im Jahr 1990 aufgestellt wurde. Es zeigt Hans Rogler und seine Frau beim Kartoffelanbau. Es ist überliefert, dass Hans Rogler die damals noch vollkommen unbekannte Kartoffel von einem Besuch bei einem Verwandten im nahe gelegenen Hranice im böhmischen Vogtland mitbrachte. Zusammen mit den anderen Bauern des Dorfes versuchte sich Rogler an einem systematischen Anbau der Kartoffel als Nahrungsmittel. Sie gedieh auf den kargen Böden des Fichtelgebirges sehr gut und vor allem machte der Kartoffel die beständige Nässe relativ wenig aus. Damit gelang der früheste bekannte Kartoffelanbau in Deutschland in einem kleinen Ort in Oberfranken. Bis dahin war sie in Deutschland nur als Zierpflanze bekannt. Das Denkmal steht nicht ohne Grund direkt neben der Kirche – durch die Abgabe des Zehnts konnte die Kirche ihre reiche barocke Ausstattung erhalten. Das zeigt, wie erfolgreich der Anbau gewesen sein muss. Die Dorfkirche konnte im Inneren umgestaltet und dem Zeitgeist des Barocks angepasst werden. Trotzdem blieben die alten gotischen Wandmalereien erhalten, sodass sich hier ein kunsthistorisch wertvoller Blick offenbart. Aber wie kam denn nun die Kartoffel zum Alten Fritz? Er bekam 1743 bei einem Besuch seiner Schwester Wilhelmine in Bayreuth das erste Mal das neue Gemüse vorgesetzt. Schnell erkannte er, wie wertvoll es für die Versorgung der Bevölkerung sein kann.

TIPP
Die Kirche kann man von Mai bis Oktober über einen Seiteneingang zur Fohrenreuther Empore besichtigen.

● Kartoffeldenkmal, Kirchplatz, 95111 Rehau-Pilgramsreuth

Spektakuläre Weitsicht

28 Ruine der Burg Engelhaus

Auf dem Felsen über dem kleinen Ort Andělská Hora (Engelhaus) weht der Hauch der längst vergangenen Geschichte. Ende des 14. Jahrhunderts wurde hier die Burg Engelhaus auf einem Felssporn errichtet. Sie diente zur Sicherung des Besitzes und der nahe gelegenen Handelswege. Im Dreißigjährigen Krieg wurde sie von den Schweden eingenommen und teilweise zerstört, sodass sie nur noch zeitweise bewohnt war. Ihren endgültigen Untergang fand sie im Jahr 1718 bei einem Feuer, das die Burg zerstörte. Die Burg Engelhaus wurde danach ihrem Schicksal weitestgehend überlassen. Aber Ruinen übten schon damals eine große Anziehungskraft aus. Kurz nach der Zerstörung wurde sie zu einem beliebten Ausflugsziel der Karlsbader und ihrer Gäste. Und das ist sie auch heute noch. Die weitläufigen romantischen Mauern der Burg Engelhaus laden zu einem Besuch ein. An so einem verwunschenen Ort konnte Goethe natürlich nicht einfach vorbeigehen. Auch er hatte die Ruine ins Herz geschlossen. Zwischen 1786 und 1823 stattetet er der Andělská Hora mehrfach einen Besuch ab. Er war so begeistert von der Ruine, dass er hier seinen 37. Geburtstag feierte. Mit seinen Gästen soll er von Karlsbad aus hierher gewandert sein. Heute sieht man in der Burganlage Teile der Mauer und auch die Wände des spätgotischen Wohnhauses noch bis kurz über die erste Etage. Der Innenhof mit seinen dicken Mauern spendet im Sommer angenehme Kühle. Und vom Palas hat man einen beeindruckenden Blick über die umliegende Hügellandschaft des Kaiserwaldes und des Duppauer Gebirges. Man kann bei gutem Wetter die weiteren in der Umgebung liegenden Burgen gut erkennen. Auf den Ruinen sitzend genießt man die Ruhe und Stille sowie die ungetrübte Aussicht. Andělská Hora liegt nur wenige Kilometer von Karlsbad entfernt. Von dort aus fährt eine Buslinie in den kleinen Ort und für den Rückweg kann man es wie Goethe machen und einen 9,6 Kilometer langen Wanderweg durch den wunderschönen Kaiserwald nehmen.

TIPP

Nahe der Burg steht die Pfarrkirche des Erzengels Michael, die 1718 im Stil des Barocks umgebaut wurde.

● Ruine Burg Engelhaus, Andělská Hora 143, CZ-36471 Andělská Hora
● ÖPNV: Bus 421391 ab Karlovy Vary tržnice (Karlsbad, Markt), Haltestelle Andělská Hora

Eine Auszeit am Meer

29

Das Bioseehotel Zeulenroda

Das Vogtland verfügt über eine vielfältige Natur, hat aber keinen Zugang zum Meer. Vielleicht ist die Sehnsucht nach dem Meeresrauschen der Grund, weswegen die Talsperre Pöhl das Vogtländische Meer und die Talsperre Zeulenroda das Zeulenrodaer Meer genannt werden. An Letzterer liegt, eingebettet in die idyllischen Täler und die sanften Hügel direkt am Wasser, das Bioseehotel Zeulenroda. Das Hotel wurde in den 1980er-Jahren zu einer Zeit erbaut, als die Talsperre noch eine reine Trinkwassertalsperre war. Baden war streng verboten. Zum Glück ist das heute nicht mehr so. Im Bioseehotel wohnt man nicht nur schick, sondern auch komplett klimaneutral. Die Zimmer sind groß, sehr hell und freundlich gestaltet. An den großen Panoramafenstern mit den breiten Fensterbrettern kann man sitzen und den Blick nach draußen schweifen lassen. Das kann man übrigens auch im großen Panoramarestaurant in der sechsten Etage. Bei den Speisen wird sehr viel Wert auf Regionalität gelegt und selbstverständlich ist alles biozertifiziert. Das Hotel verfügt sogar über eine eigene Fleischerei und eine Biobäckerei. Alles kommt frisch auf den Tisch. Das Frühstück kann man beim Blick übers Wasser genießen und dabei schon Pläne für den Tag schmieden. Die Umgebung lässt sich auf zahlreichen Wanderwegen entdecken, man kann schwimmen, Boote für eine Tour übers Wasser ausleihen, sich im Kletterpark sportlich betätigen oder man genießt eine Auszeit im großen Spa-Bereich des Hotels. Das Panorama-Spa macht seinem Namen alle Ehre. Der Blick vom Pool durch die großen Fenster auf das Zeulenrodaer Meer ist unglaublich schön. Unterschiedliche Saunen und Dampfbäder laden zur Erholung ein. Sogar eine Schneekammer zum Abkühlen gibt es. Ergänzt wird das Wellnessangebot durch verschiedene Massagen, aber auch durch Rasulbäder. Ausstattung und Design des Spa-Bereichs verströmen Wohlfühlatmosphäre und lassen keine Wünsche offen. Hier tankt man inmitten der Natur neue Kraft und Energie.

TIPP

Nachhaltig und komfortabel kann man auch in den chaletartigen Manoah-Häusern übernachten.

● Bioseehotel Zeulenroda, Bauerfeindallee 1, 07937 Zeulenroda-Triebes
www.bio-seehotel-zeulenroda.de

● ÖPNV: Bus 132, Haltestelle Zeulenroda Seehotel;
RE 13, RB 13, Haltestelle Zeulenroda Unterer Bahnhof (3 Kilometer Fußweg)

Alle Jahre wieder …

30 Die Weihnachtsausstellung im Vogtlandmuseum

Durch das große zweiflügelige Tor in der Nobelstraße 9 in Plauen betritt man die Welt von Christian Baumgärtel und Johann Christian Kanz. Beide waren Baumwollwarenhändler in Plauen und ließen sich im späten 18. Jahrhundert repräsentative Gebäude im klassizistischen Stil errichten. Die drei Häuser sind nicht nur Zeugen der bürgerlichen Architektur zur Blütezeit des Baumwollwarenhandels, sondern bilden heute den Museumskomplex des Vogtlandmuseums. Hier spürt man noch den Geist der regen Handelstätigkeit der Kaufleute, aber man erhält auch einen Einblick in die Plauener Geschichte und das Leben in der Stadt. Besonders beeindruckend sind die Stilzimmer im Obergeschoss, allen voran der Festsaal im Louis-Seize-Stil, der eines Schlosses würdig wäre. Sie repräsentieren eindrucksvoll die Wohnkultur des selbstbewussten Bürgertums der Stadt. Das Museum ist ganzjährig einen Besuch wert, aber ganz besonders zur Weihnachtszeit. Denn alle Jahre wieder erwartet die Besucher ein ganz besonderer Höhepunkt: die Weihnachtsausstellung. Für zahlreiche Familien ist es eine lieb gewonnene Tradition, zur Weihnachtszeit das Museum zu besuchen. Die Ausstellung zieht Groß und Klein in ihren Bann und verzaubert mit einer großen Portion Nostalgie. Die Stilzimmer des Vogtlandmuseums sind liebevoll weihnachtlich dekoriert. Im Napoleonzimmer ist die große Tafel gedeckt und alles scheint bereit für die Weihnachtsgäste. Man kann förmlich den Duft der vergangenen Weihnachtsfeste atmen. Geschmückte Weihnachtsbäume, Holzschmuck und gedeckte Gabentische verbreiten eine heimelige Weihnachtsstimmung. Sogar Räucherkerzenduft zieht durch das Haus. Natürlich dürfen traditionelle Weihnachtsbräuche aus dem Vogtland wie die Zuckermännl, die Geschichte des „Bornkinnel“ oder das traditionelle „Neinerlei“, ein Essen, das es in vielen Familien zum Heiligabend gibt, nicht fehlen. Und auch der Moosmann und die Wattefrau lassen sich einen Besuch im Museum nicht nehmen und stimmen auf die Weihnachtszeit ein.

TIPP

Weitere Weihnachtsausstellungen finden in Falkenstein oder im Schloss Voigtsberg statt.

- Vogtlandmuseum, Nobelstraße 7–13, 08523 Plauen
  www.vogtlandmuseum-plauen.de
- ÖPNV: Straßenbahn 1, Haltestelle Neues Rathaus; Straßenbahn 3, 4, 6, Haltestelle Tunnel

REIS
NUDELN
Chocolade Fabrik
Metzger
Nürnberg

Wie eine Zitronenpresse

31 Der Aussichtsturm auf dem Wirtsberg

Einer der außergewöhnlichsten Aussichtspunkte im Vogtland steht auf dem Wirtsberg am Ortsrand von Landwüst, einem Ortsteil von Markneukirchen. Der 664 Meter hohe Berg bietet eine besonders schöne Aussicht, denn der Wirtsberg ist ein unbewaldeter Tafelberg und somit ist nach allen Seiten eine ungehinderte Fernsicht möglich. Von hier aus hat man einen grandiosen Rundumblick auf das obere Vogtland. Besonders schön ist der Blick bei Sonnenauf- und -untergang. Dann wird die Umgebung in ein magisches Licht getaucht. Aber auch wenn die Aussicht spektakulär ist, das schönste am Berg ist das kleine Aussichtstürmchen, das in dieser Form sicherlich einmalig ist. Wegen seiner ungewöhnlichen sternenartigen Form wird es im Volksmund Zitronenpresse genannt. 1986 wurden die Pläne zum Bau einer Schutzhütte auf dem Wirtsberg umgesetzt. Der Architekt war Benno Kolbe, der maßgeblich am Aufbau des in unmittelbarer Nähe befindlichen Freilichtmuseums Landwüst beteiligt war und es auch mehrere Jahre leitete. Der Bau spiegelt die Verbundenheit mit der Natur wider. Die Konstruktion des prägnanten Häuschens besteht fast komplett aus Holz. Die Form ist an einen Meiler angelehnt, der in der Nähe vom Wirtsberg betrieben wurde. Aber in der Tat erinnert das achteckige Türmchen eher an eine Zitronenpresse. Auf zwei Etagen bietet sich im 9 Meter hohen Turm eine fantastische Aussicht übers Land. Architektur und Aussicht gehen eine perfekte Symbiose ein. Der Wirtsberg ist ein idealer Platz für ein Picknick, denn neben dem Turm findet man Tische und Bänke. Und was gibt es Schöneres, als bei so einem Ausblick eine Rast auf der Wanderung oder auf der Fahrradtour einzulegen?

Aber auch wenn man einfach nur einmal den Blick genießen möchte, ist der Aussichtsturm auf dem Wirtsberg ideal. Direkt neben der Kirche befindet sich ein Parkplatz und von dort aus ist es nur noch kleiner Anstieg von ein paar Metern bis zum Turm.

TIPP

Im nahe gelegenen Freilichtmuseum Landwüst gibt es einen Einblick in das ehemals bäuerliche Leben.

- Aussichtsturm Wirtsberg, 08258 Markneukirchen OT Landwüst (Parkplatz an der Kirche in Landwüst, Rohrbacher Straße 19, rund 250 Meter Fußweg)
- ÖPNV: Bus 32, 33, Haltestelle Landwüst, Wende

Ostereier und Glückshasen

32

Der Osterpfad im Vogtland

Wahre Glücksorte findet man alljährlich zu Ostern auf dem Osterpfad. Zwischen Berga an der Elster über Greiz bis hin nach Cheb (Eger) gibt es in zahlreichen kleinen und größeren Orten ganz viel Österliches zu entdecken. Was im Jahr 2000 aus einer kleinen Idee begann, mit der man die Wismut-Region touristisch beleben wollte, ist mittlerweile auf über zehn Orte angewachsen. Sie locken um die Osterzeit viele Besucher zum Osterspaziergang an. Berga an der Elster ist das Herz des Osterpfades. Hier nahm alles seinen Anfang. Heute ist es der größte Standort und man kann an sechs verschiedenen Plätzen etwa 40.000 zum Teil kunstvoll verzierte Ostereier und diversen Osterschmuck bewundern. Der Bergaer Osterrundweg lässt sich bequem ablaufen. Das Highlight, das alle Augen strahlen lässt, ist die riesige Osterkrone vor dem Rathaus. Außerdem gibt es hier die beliebte Osterausstellung mit einem kleinen Markt. Wenige Kilometer weiter in Greiz erwartet den Besucher auf dem Kirchplatz eine Osterkrone am Röhrenbrunnen. Die Ostereier sind mit verschiedenen Textilien gestaltet und knüpfen damit an die große Textiltradition der Stadt an. Im Gutshof Neumark wird alljährlich ein Ostermarkt veranstaltet, die Osterwiese in Wolfersdorf wird geschmückt und Waltersdorf wandelt sich zum Osterhasendorf. Über das Dorf verteilt warten 130 Osterhasen darauf, gefunden zu werden. Mit Hilfe der Strohhasen werden unterschiedliche Szenen nachgestellt. Es gibt die Skihasen, ein Hochzeitspaar, schaukelnde Hasen und noch viel mehr. Ein Spaziergang durch den Ort zaubert jedem ein Lächeln ins Gesicht, ganz egal, wie alt man ist. Am besten fährt man die einzelnen Stationen mit dem Auto oder dem Rad an, um möglichst viele Osterorte zu entdecken. Es lohnt sich auch, außerhalb des eigentlichen Osterpfades die Augen offen zu halten, denn zahlreiche weitere Orte schmücken ihre Brunnen österlich oder gestalten ganze Osterwiesen, wie zum Beispiel in Langenwetzendorf im Thüringischen Vogtland.

TIPP

In Berga werden auch Führungen zu den sechs Stationen des Osterpfades angeboten.

● Osterpfad Vogtland, Hauptort: 07980 Berga mit sechs Stationen
www.osterpfad-vogtland.de

Gelber Solitär

33 Der Wasserturm in Reichenbach

Architektur ist oft streitbar, aber sie schafft es auch, ein großes Glücksgefühl zu erzeugen. Dies gelingt dem Wasserturm in Reichenbach von Rudolf Ladewig besonders gut. Er ist eine schon von Weitem sichtbare Landmarke und zählt zu den beeindruckendsten Bauwerken, die im Stil der Neuen Sachlichkeit und der Bauhausarchitektur im Vogtland geschaffen wurden. Ladewig war Mitte der 1920er- bis Anfang der 1930er-Jahre als Stadtarchitekt in Reichenbach tätig. Wie kein Zweiter prägte er in dieser Zeit das Bild der Stadt. Stilistisch sind seine Bauten den klaren Formen des Bauhauses und der Neuen Sachlichkeit des Deutschen Werkbundes unterworfen. Diese bilden einen Gegenentwurf zu den verspielten Bauten des Jugendstils. Funktionsgerechtes Bauen und der Einsatz moderner Materialien, wie Stahlguss und Beton, oder vorgefertigter Elemente standen hierbei im Vordergrund. Ladewig verbindet diesen klaren Stil zusätzlich mit expressionistischen Elementen. Die Einzelbauten von Ladewig sind ganz besondere markante Solitäre. In der Nähe der Sternsiedlung steht der Wasserturm. Er wurde in nur fünf Monaten Bauzeit 1926 errichtet und ist mit seinem strahlenden Gelbton ein weithin sichtbares Wahrzeichen der Stadt. Der 28 Meter hohe Wasserturm ist ein sachlicher Kubus, der durch die horizontalen Simse eine außergewöhnliche Dynamik erhält. Schmückendes Element des Baus ist eine vom Leipziger Bildhauer Johannes Göldel geschaffene Skulptur. Sie zeigt, passend zum Wasserturm, ein Mädchen, das Wasser aus einer Schale trinkt. Der Turm löste damals das Trinkwasserproblem der schnell wachsenden Stadt. Bis heute bietet er einen herrlichen Platz zum Verweilen. Umsäumt von einer Grünanlage mit Wasserbecken und Pergolen kann man hier sitzen und die Architektur bewundern. Der Wasserturm verfügt außerdem über eine Aussichtsplattform und eine kleine Ausstellung zur Geschichte – hierfür kann man sich im Tourismusbüro telefonisch anmelden oder den Tag des offenen Denkmals nutzen.

TIPP

Weitere Bauten von Ladewig sind die Sternsiedlung, die Marienkirche und die Textilfachschule.

- Wasserturm, Ringstraße 18, 08468 Reichenbach/Vogtland
- ÖPNV: Bus 83 A/B, Haltestelle Siedlung

Geheimtipp für Burgenfans

34

Wasserschloss Geilsdorf im Burgsteingebiet

Aufgrund der vögtischen Vergangenheit ist das Vogtland reich an alten Burgen. Doch nur wenige davon sind erhalten, die meisten lassen die einstige Pracht nur noch erahnen. Aber gerade Ruinen haben oft etwas Malerisches und Geheimnisvolles. Besonders schön ist die Ruine der Burg Geilsdorf. Sie steht mitten im gleichnamigen Ort, umrahmt von einem kleinen Teich. Die einstige Burg wurde im 12. Jahrhundert auf einem Hügel errichtet, der von einem Wassergraben umgeben war. Im Laufe der Zeit wechselte sie mehrfach ihre Besitzer. Im 17. Jahrhundert wurde die Burg zu einem Schloss umgebaut. Die vier Türme erhielten markante Hauben und es entstand ein barockes Schloss mit prunkvollen Räumen und einer riesigen Treppenanlage. Der Mittelsaal war so groß, dass hier während des Neubaus der Kirche gegenüber vom Schloss im Jahre 1832 bis 1934 sogar die Gottesdienste durchgeführt wurden. Leider überstiegen die Kosten für eine Restaurierung, die in der zweiten Hälfte des 19. Jahrhunderts dringend nötig gewesen wäre, die finanziellen Verhältnisse der damaligen Besitzer. Sie konnten das Schloss nicht mehr erhalten. Seit 1866 wurde das Wasserschloss nicht mehr bewohnt und der barocke Bau verfiel zusehends. Schon wenige Jahre später stürzte der erste Turm ein und 1910 ein großer Teil des Haupthauses. Zum Glück entschloss man sich 2003, mit Sicherungsmaßnahmen zu beginnen, sodass die Reste heute noch bewundert werden können. Auf dem kleinen Weg rund um die Schlossruine in Geilsdorf erhält man einen Eindruck von der ehemaligen Größe und Pracht des Schlosses. Heute sieht man noch Reste des nordöstlichen Eckturms und Teile der Außenwände. Auch vom Wassergraben ist nur der nordöstliche Teil erhalten geblieben. Der Rundweg führt um die noch erhaltenen Teile des Wassergrabens, des Schlosses und des ehemaligen Rittergutes. Heute ist das Schloss eine romantische Ruine, die besonders im Herbst ein mystisches Flair verbreitet.

TIPP

Am Buswartehäuschen kann man durch das Fenster einen Blick auf eine historische Wäschemangel werfen.

- Ruine des Wasserschlosses Geilsdorf, Schloßstraße 7, 08538 Burgstein OT Geilsdorf
- ÖPNV: Bus 49, Haltestelle Geilsdorf, Neumühle

Vom Glück des Zufalls

35

Die Drachenhöhle in Syrau

Wer kennt es nicht: Manchmal entdeckt man auf der Suche nach etwas Verschwundenem etwas ganz anderes. So ähnlich war es bei der einzigen Tropfsteinhöhle Sachsens – der Drachenhöhle in Syrau. Sie wurde 1928 eher zufällig entdeckt. Beim Abbau des Kalksteins rutschte ein Meißel in einen Gesteinsspalt und war verschwunden. Auf der Suche nach dem Meißel entdeckte der Bruchmeister Ludwig Undeutsch am 14. März 1928 die Höhle. Schnell war klar, dass man sie für Besucher öffnen könnte. Schon 199 Tage später konnten die ersten neugierigen Gäste in der Höhle begrüßt werden. Auf der Suche nach einem Namen erinnerte man sich an eine alte Sage über einen Drachen in der Nähe von Syrau. Seitdem ist die Drachenhöhle das Reich des kleinen Drachen Justus. Der gut ausgebaute Weg durch die Höhle verläuft etwa 16 Meter unter der Erde. Auf den rund 350 Metern sind insgesamt 330 Stufen zu überwinden. Die Höhle kann bei einer 45-minütigen Führung besichtigt werden. Auf dem Weg durch die Höhle entdeckt man beeindruckende Tropfsteine und Lehmformationen, aber auch mehrere kristallklare Seen. Am größten See wird das schillernde Blau noch mit Lichteffekten verstärkt. Das herrliche Höhlenpanorama bietet in den Sommermonaten eine einmalige Kulisse für eine Lasershow. Und natürlich darf in der Nähe von Plauen eine Gardine in der Höhle nicht fehlen. Eine der Sinterfahnen trägt den Namen „Gardine“, da sie von ihrer Form daran erinnert. Der Gardineneffekt wird zusätzlich durch die Höhlenbeleuchtung verstärkt. Übrigens: Das Loch in der Gardine stammt vom Pistolenschuss eines russischen Soldaten. Die Drachenhöhle hat durchgängig eine Temperatur von etwa 10 Grad Celsius. Man sollte auf jeden Fall eine Jacke und festes Schuhwerk auf die Erkundungstour mitnehmen. Wieder über Tage angekommen, können sich Kinder auf dem Spielplatz und im Erlebnisgarten Terra Vira – Lebendige Erde – austoben, während die Eltern auf den Bänken im ruhigen Höhlenpark entspannen können.

TIPP

In der Windmühle in Syrau kann man sich auf Müllers Spuren begeben.

- Drachenhöhle Syrau, Höhlenberg 10, 08548 Syrau
www.syrau.de/drachenhoehle
- ÖPNV: Bus 42, Haltestelle Syrau, Warte; RB 2, 5, RE 3, Haltestelle Syrau

EINGANG

Umrahmter Aussichtspunkt

36

Der schönste Blick zur Osterburg in Weida

Die Osterburg in Weida ist die Wiege des Vogtlandes, denn hier liegt sein Ursprung. Die zwischen 1163 und 1193 erbaute Burg war der Stammsitz der Vögte von Weida. Die Residenz war gleichzeitig der Verwaltungssitz des Vogtlands. Neben dem Museum kann man im Innenhof der Burg einen „mittelalterlichen Wurzgarten" entdecken. Er diente als Nutzgarten für die Küche, aber es wurden auch Pflanzen zu Heilzwecken oder zum Färben angebaut. Der Garten der Burg lädt bis heute zum Verweilen ein. Mit ihrem beeindruckenden Bergfried ist die Osterburg nicht nur das Wahrzeichen der Stadt, sondern sie ist von vielen Punkten aus zu sehen. Den schönsten Blick auf die Burg hat man von der Ruine der Widenkirche. Und dieser Blick ist so schön, dass er mit einem Bilderrahmen gekrönt wurde. Die Ruine steht in der direkten Sichtachse zur Burg. Man schaut über kleine Gassen hinüber zur anderen Seite der Stadt. Der Platz hat sich zu einem sehr beliebten Fotomotiv entwickelt. Damit ist der Plan des Kinder- und Jugendparlaments von Weida komplett aufgegangen. Denn es war sein Vorschlag, hier einen Fotopunkt zu errichten. Und wie in der richtigen Politik hat sich Beharrlichkeit ausgezahlt, denn es hat zwei Jahre gedauert, bis die Idee umgesetzt werden konnte. Entstanden ist ein Rahmen aus Stahl, der mit Weinranken, Namen und Wappen der Stadt verziert ist. Mit dem Bilderrahmen wurde ein beliebter Selfiepoint geschaffen, aber der Ort ist auch bei Besuchern beliebt, die ein besonderes Motiv suchen. So sind in der letzten Zeit sicher einige Fotos mit dem Bilderrahmen und der Burg im Hintergrund in den virtuellen oder realen Fotoalben gelandet. Auch die Ruine der Widenkirche lohnt einen Besuch. Einst war sie die älteste Kirche der Stadt. Aber schon seit dem 16. Jahrhundert steht sie als Ruine am Erkenbertplatz. Im Inneren wirkt sie durch den grün bewachsenen Hof fast ein wenig verwunschen. Die äußeren Mauern sind noch vorhanden, ebenso wie der Turm, der seit Ende der 1990er-Jahre wieder Glocken trägt.

TIPP

Einen weiteren schönen Blick zur Burg hat man von der Brücke über die Weida nahe der Lohgerberei.

- Bilderrahmen neben der Widenkirche, Erkenbertplatz, 07570 Weida
- ÖPNV: Bus 29, 34, 218, Haltestelle Weida, Brüderstraße

Weida

Fürstliche Wohnkultur

37 Zu Besuch auf Schloss Burgk

Auf einem malerischen Felsplateau an der Saaleschleife bei Burgk errichteten die Vögte von Gera schon im Mittelalter eine Burg. Die ältesten Teile der heutigen Anlage lassen sich bis ins Jahr 1403 datieren. So gehört das Amtshaus, einst Torhaus und Vorburg für die Wachsoldaten, das etwa 1524 einen Oberbau aus Fachwerk erhielt, zu einer der besterhaltenen mittelalterlichen Befestigungsanlagen Deutschlands. Bei einer Besichtigung des Schlosses und seiner Außenanlagen bekommt man einen sehr guten Einblick in das Leben auf der Reußischen Residenz. Die vielfältige Innenausstattung des Schlosses spannt einen weiten Bogen: Im Rittersaal, in dem auch heute noch Konzerte stattfinden, wurde eine reich verzierte Holzdecke im Dachstuhl aufgehängt und somit kommt der Saal völlig ohne Pfeiler und Stützen aus. Für die damalige Zeit eine ganz außergewöhnliche Konstruktion. Sehenswert sind weiterhin das Chinazimmer mit kostbarsten Chinoise-Seidentapeten im Rokokostil oder das Prunkschlafzimmer in vollster Barockpracht. Das Schloss Burgk ist ein hervorragendes Zeugnis fürstlicher Wohnkultur über mehrere Jahrhunderte. Man wandelt durch die Räume und fühlt sich wie im Märchen, und das ganz zu Recht, bildete Schloss Burgk doch die Kulisse für zahlreiche Märchenfilme. Besonderheiten des Schlosses sind die Kapelle mit einer Silbermannorgel sowie die Schlossküche mit riesigem Kegelkamin und einem mechanischen Bratenwender aus dem 18. Jahrhundert. Er wurde von einem Uhrenmeister gefertigt und ist auch heute noch funktionsfähig. Im Außenbereich beeindrucken die holzbedeckten Wehranlagen und der Rote Turm mit seiner Fachwerkhaube aus der Zeit der Spätrenaissance die Besucher. Nach einem kurzen Spaziergang gelangt man zum südlich des Schlosskomplexes gelegenen Sophienpark mit dem Rokoko-Pavillon aus dem Jahr 1753. Außerdem führt ein Wanderweg zu einer idyllischen Holzbrücke an der Saale und zur Talsperre Burgkhammer mit einem besonders malerischen Blick hinauf zum Schloss.

TIPP

Direkt am Ortseingang steht der Saaleturm mit einem spektakulären Blick über die Saaleschleife.

● Schloss Burgk, Burgk 17, 07907 Burgk
www.schloss-burgk.de (Parkplatz am Saaleturm)
● ÖPNV: Bus 611, Haltestelle Burgk, Parkplatz

Ort der Entschleunigung

38 Alpakahome in Brunn

Im Reichenbacher Ortsteil Brunn steht das Glück mitten auf der Wiese, denn hier sind die Alpakas von Alpakahome zu Hause. Schon ein Spaziergang entlang der Weide weckt Glücksgefühle, denn wer kann diesen possierlichen Alpakas schon widerstehen? Allein der Anblick der Alpakas zaubert den meisten Menschen ein Lächeln ins Gesicht. Wer den Tieren etwas näher kommen möchte, kann bei Alpakahome Wanderungen buchen. Auch für Lauffaule gibt es ein tolles Angebot – die Schmusestunde. Dabei kann man ganz nah bei den Alpakas sitzen, sie streicheln und einfach die Seele baumeln lassen. Ein Picknick darf man sich ebenfalls mitbringen. Die Alpakas sind ein Garant für Ruhe und Harmonie. Sie strahlen nicht nur unglaubliche Gelassenheit aus, sie geben sie auch weiter. Durch die liebevollen Tiere wird man ganz schnell zwangsentschleunigt. Von einer auf die andere Minute kann man den Alltag hinter sich lassen. Bei einer Wanderung muss man sich ganz nach dem Tier richten, denn das Alpaka bestimmt die Geschwindigkeit. Man gibt die Kontrolle unweigerlich an das flauschige Fellwesen ab. So gelingt es, dass man schneller als gedacht bei einer Wanderung mit den Alpakas abschalten kann und die Welt um sich herum vergisst. Kein Wunder, dass Alpakawandern oder grundsätzlich der Umgang mit den Tieren als therapeutische Maßnahme eingesetzt werden kann. Für alle, die mit dem Camper oder dem Wohnwagen unterwegs sind, gibt es bei Alpakahome ein ganz besonderes Erlebnis. Direkt an der Alpakaweide stehen drei Stellplätze zur Verfügung. Außerdem kann man in einem Sleeperoo Cube, einer Art Glamping-Zelt, auf der Wiese übernachten. Da kann man direkt beim Aufwachen in die treuen Kulleraugen der Alpakas schauen. Im Hofladen gibt es viele Alpakaprodukte. Die Wolle der Alpakas, die einmal im Jahr geschoren werden, wird zu Bettdecken oder zu Strickgarn verarbeitet. Ergänzt wird das Sortiment durch liebevoll ausgewählte Produkte von verschiedenen Anbietern, wie Socken, Mützen, Schals oder auch Kuscheltiere.

TIPP
Auch für Fotoshootings können die Alpakas gebucht werden.

● Alpakahome, Dr.-Eckener-Straße 21 a, 08468 Reichenbach OT Brunn
www.alpakahome.de
● ÖPNV: Bus 82, Haltestelle Brunn, Post

Lustwandeln im Park

39

Der historische Kurpark von Bad Brambach

Im südlichsten Zipfel von Sachsen liegt das beschauliche Kurbad Bad Brambach. 1861 entdeckte der Bauer Christian Schüller beim Torfstechen auf seiner Wiese eine Quelle mit Mineralwasser. Ab 1891 füllte sein Sohn aus der Quelle per Hand Wasser in Flaschen ab. Auf diese Quelle geht die Gründung der Brambacher Sprudel GmbH 1908 zurück. Die eigentliche Entwicklung zu einem Heilbad begann 1910. In diesem Jahr wurde die Wettinquelle entdeckt. Sie besaß einen außergewöhnlich hohen Radongehalt. Er war so hoch, dass er alle bis dato bekannten Quellen übertraf. Das Resultat ließ die Fachwelt aufhorchen. Seit 1912 kann man hier kuren, aber auch ohne Anwendungen ist Bad Brambach reizvoll. Der historische Kurpark lädt zu einem romantischen Spaziergang ein, bei dem man die Zeit vergessen kann. Der Park reicht sogar bis auf die tschechische Seite. Zahlreiche Bänke und Pavillons bieten sich für eine Pause an. Das Herzstück ist sicherlich die Festhalle, aber auch die kleinen Brunnenhäuser sind sehenswert. Man kann gemütlich auf den geschwungenen Wegen spazieren und entdeckt immer wieder den kleinen Röthenbach, der durch das idyllische Gelände fließt. Im Park findet sich auch die eine oder andere Kuriosität. Als die russischen Soldaten nach dem Zweiten Weltkrieg nach Bad Brambach kamen, fanden sie anscheinend an dem Ort Gefallen. Sie waren von der Heilkraft der radioaktiven Quellen fasziniert und richteten ein Sanatorium für Soldaten und Offiziere ein. Gleichzeitig nahm man zahlreiche bauliche Maßnahmen vor. Die Veränderungen gingen sogar so weit, dass man aus der ehemaligen Reichskanzlei in der Berliner Wilhelmstraße Marmorplatten und eine Bronzeskulptur nach Bad Brambach transportieren ließ. Mit dem Marmor wurde eine Art Triumphbogen erbaut, der allerdings 1956 wieder abgerissen wurde, sowie ein kleiner Flachbau errichtet. Die Skulptur – ein sitzender Frauenakt – steht heute leicht versteckt von den großen Rhododendronbüschen in der Nähe desEntenteiches gegenüber der Festhalle.

TIPP

Eine Stärkung hält das Eiscafé Grenzland bereit.

- Kurpark, Badstraße, 08648 Bad Brambach
- ÖPNV: RB 2, Haltestelle Bad Brambach, Bahnhof; Bus 34, Haltestelle Festhalle

Sächsische Diamanten

40 Topasfelsen Schneckenstein

Der Topasfelsen Schneckenstein liegt zwischen Tannenbergsthal, Klingenthal und Muldenberg. Zwar gibt es weltweit über 300 Topasvorkommen, aber nur eines davon liegt oberirdisch, und das ist der Topasfelsen Schneckenstein. Das macht ihn zu einer geologischen Besonderheit. 1727 entdeckte der Tuchmacher Christian Kraut die Topase im Felsen. Zwischen 1734 und 1800 baute die Zeche mit dem klangvollen Namen Königskrone die Topase ab. Nicht nur die Zeche hieß Königskrone – es finden sich auch Topase in selbiger. 1761 sollen 485 Topase aus dem Schneckenstein in der englischen Königskrone verarbeitet worden sein und auch im Grünen Gewölbe in Dresden kann man mehrere wundervolle Schmuckstücke von August dem Starken mit dem sächsischen Diamanten bestaunen. Das Mineral hat eine Färbung zwischen Weingelb und Goldgelb und ist sehr hart. Sein diamantähnlicher Schliff brachte dem Topas den Beinamen sächsischer Diamant ein. Die sächsischen Topase waren allerdings sehr unrein, weshalb 1800 der Abbau eingestellt wurde. Der Felsen wurde als Forschungsobjekt der Bergakademie in Freiberg übergeben. Ein Glück für die Nachwelt, denn sonst wäre von dem einzigartigen Felsen nichts mehr erhalten geblieben. Aufgrund des Abbaus hat der Felsen nur noch rund ein Drittel seiner ursprünglichen Größe. Heute misst er eine Höhe von 23,4 Metern. 1938 wurde er unter Naturschutz und ein weiterer Abbau von Topas unter Strafe gestellt. Da es immer wieder zu Plünderungen kam, wurde der Felsen umzäunt. Der imposante Felsen kann am Zaun entlang umrundet werden. Bei gutem Wetter kann man von Mai bis Oktober auf dem Topasfelsen nach oben steigen. Der Weg über die Treppen lohnt sich auf jeden Fall, auch wenn die Aussicht durch die Bäume eingeschränkt ist. Aber hier geht es weniger um den Blick übers Land, sondern eher um den Felsen an sich. Denn immer wieder sieht man im Felsen die Topase aufblinken. Und wer kann schon von sich behaupten, dass er auf Diamanten gelaufen ist?

TIPP

Ganz in der Nähe kann man die Grube Tannenberg und das Mineralienzentrum besichtigen.

● Topasfelsen, 08262 Muldenhammer OT Schneckenstein
(Parkplatz Siedlungsstraße 30)

Musik liegt in der Luft

41

Fabrikantenvillen in Markneukirchen

Markneukirchen ist über die Grenzen des Vogtlands hinaus bis heute berühmt für den Musikinstrumentenbau. Ende des Dreißigjährigen Krieges ließen sich protestantische Geigenbauer aus dem nahe gelegenen böhmischen Kraslice (Graslitz) nieder, die im Zuge der Gegenreformation ihre Heimat verlassen mussten. Sie brachten die Kunst des Geigenbaus mit in die Stadt. Bald ließen sich weitere Instrumentenbauer nieder, sodass Markneukirchen das Zentrum des deutschen Musikinstrumentenbaus wurde. Von dem ehemaligen Reichtum der Stadt zeugen noch heute ihre beeindruckenden Villen. Zahlreiche prachtvolle Bauten stehen zum Beispiel in der Adorfer Straße am Ortseingang von Markneukirchen. Bei einem Spaziergang kann man sich zurück in die Zeit zu Beginn des 20. Jahrhunderts träumen. Ein besonderes Schmuckstück ist die 1903 in einer Mischung zwischen Neobarock und Jugendstil erbaute Villa Merz, die erhaben auf einem Hügel thront. Sie wurde für den Instrumentenverleger Curt Merz und seine Frau Olga Lotte errichtet. Auch heute liegt hier noch Musik in der Luft, denn die repräsentative Villa ist ein Standort der Westsächsischen Hochschule Zwickau. Hier können Studenten den Musikinstrumentenbau im Bereich Streich- und Zupfinstrumentenbau erlernen. Eine musikalische Kostprobe kann man als Besucher zu den Konzerten im Haus erhalten. Die Villa kann man bei einem Spaziergang durch den Garten umrunden. Nur wenige Meter weiter steht die faszinierende Villa Stark des Verlegers Theodor Stark, die Villa verfügte sogar über eine eigene Tennisanlage. Auch das sogenannte Paulus-Schlössel ist ein beeindruckender Bau. Es ist ein spätbarockes Bürgerhaus aus dem Jahr 1784. Seinen Namen erhielt es von einem seiner Besitzer – Max Paulus, einem Saitenhersteller. Heute beherbergt das Haus das sehenswerte Musikinstrumentenmuseum. Zahlreiche Instrumente aus aller Welt können hier bestaunt werden. Es ist eine einmalige Sammlung, die den Instrumentenbau vom 17. Jahrhundert bis heute anschaulich darstellt.

TIPP

In Hüttels Musikwerke Ausstellung erwartet den Besucher ein interessanter Blick in die Vergangenheit.

- Villa Stark und Villa Merz, Adorfer Straße, 08258 Markneukirchen
Musikinstrumentenmuseum, Bienengarten 2, 08258 Markneukirchen
- ÖPNV: Bus 30, 31, 32, 98, Haltestelle Markneukirchen Busbahnhof

Malerische Mauern

42

Die Burgruine Wiedersberg

Der kleine Ort Wiedersberg und die gleichnamige Burgruine haben eine wechselvolle Geschichte erlebt. Wiedersberg, heute ein Ortsteil der Gemeinde Triebel, liegt unmittelbar an der ehemaligen Grenze inmitten der damaligen 5-Kilometer-Sperrzone. Der Ort durfte, wie viele andere auch, zu DDR-Zeiten nur mit einem Passagierschein betreten werden. Einige 100 Jahre früher führte hier die Via Imperii vorbei. Sie war eine der großen Handelsstraßen und verband Stettin mit Rom und Venedig. Wiedersberg liegt strategisch günstig zwischen den Stationen Plauen und Hof. Eng verbunden mit dem Handelsverkehr ist vermutlich auch der Bau der Burg, auch wenn er sich nicht genau datieren lässt. Sie soll in der zweiten Hälfte des 12. Jahrhunderts durch die Vögte von Weida erbaut worden sein. Das Ende der Burg liegt ebenso im Dunkeln wie ihr Anfang. Was genau zu ihrer Zerstörung führte, ist nicht belegt. Die Burgruine ist nicht nur geheimnisvoll, sondern auch romantisch. Das hat sie ihrer Lage, leicht unterhalb der Bergspitze mitten im Wald, zu verdanken. Die Anlage ist über einen kurzen Weg vom Parkplatz an der Kirche in wenigen Minuten erreichbar. Schon bald steht man vor den Resten der Burg, die sehr gute Rückschlüsse auf das ehemalige Aussehen zulassen. Die Burg bestand aus einem U-förmigen Kernstück, das mit einer Mauer als eine Art Schutzschild umgeben war. Im Inneren befanden sich Türme, Wohngebäude, Palas und Ställe. Heute künden nur noch Reste der Mauer, der Palas und ein Turm von der ehemaligen Größe. Besonders interessant sind die beiden direkt in den Felsen geschlagenen Gräben zum Schutz der Burg. Die gut erkennbaren Gräben vermitteln eine mystische Stimmung. Durch ein kleines Tor im Turm gelangt man in den begrünten Innenhof der malerischen Burgruine. Die Wiese und die Bänke laden zu einem Picknick ein. Es ist ein perfekter Ort, denn im Schutz der alten Mauer kann man in aller Ruhe die mitgebrachten Leckereien genießen und dabei die Zeit vergessen.

TIPP

Der am Parkplatz stehende Turm ist das letzte Zeugnis des ehemaligen Rittergutes in Wiedersberg.

- Burgruine Wiedersberg, 08606 Triebel OT Wiedersberg (Parkplatz an der Kirche, Bergstraße)
- ÖPNV: Bus 54, 55, Haltestelle Wiedersberg, Warte

Von Wasser umgeben

43

Die Kapelle in Kauschwitz

Eingebettet in einen idyllischen Park und fast komplett von Wasser umgeben steht im kleinen Ort Kauschwitz bei Plauen die Kapelle Christi Himmelfahrt. Sie war nicht immer eine Kapelle – an diesem Ort entstand im 12. Jahrhundert eine Wasserburg mit einem Wehrturm. Wie zahlreiche Burgen im Vogtland verfiel sie, nachdem sie nicht mehr von den Vögten bewohnt wurde. Nur Reste des alten Wehrturms blieben übrig. Im 16. Jahrhundert wurde er zu einem Korn- und Vorratsspeicher umgebaut. 1764 entstand aus dem Turm eher zufällig eine Kapelle. Oberhofrichter Adam Friedrich von Watzdorf verlor 1760 sein Augenlicht, erlangte es aber im selben Jahr wieder. Aus lauter Dankbarkeit errichtete er die Kapelle. Dazu ließ er an dem Turm der ehemaligen Burg einen sechseckigen Anbau anbringen und ihn zur Kapelle umwidmen. Das erklärt auch die ungewöhnliche Form des Baus. Sowohl geschichtlich als auch architektonisch ist die Kapelle in Kauschwitz einer der interessantesten Kirchenbauten im Vogtland. Die Kirche wurde bis 1880 genutzt, aber der Verfall griff damals schon um sich. 1890 spendete ein unbekannter Plauener Fabrikant Gelder, um die Kirche zu sanieren. Nach einer weiteren Restaurierung Ende des 20. Jahrhunderts strahlt sie nun in altem Glanz. Die Kapelle ist aufgrund der Lage an dem kleinen Teich mit einem angrenzenden Park zu jeder Zeit ein idyllischer Ort. Zahlreiche Bänke rund um die Kapelle machen den kleinen Park zu einem Wohlfühlort, an dem man die Seele baumeln lassen kann. Die beste Zeit für Fotos sind die Jahreszeiten, wenn die Bäume keine oder nur wenig Blätter tragen. Denn die Kapelle wird von großen, dichten Bäumen malerisch umrahmt, aber dadurch auch verdeckt. Direkt neben der Kapelle liegt das alte Rittergut Kauschwitz. Seit 1999 widmet sich ein Verein der Erhaltung des Rittergutes. Besonders das ehemalige Wirtschaftsgebäude, das sogenannte Steinhaus mit seinem Fachwerk, ist inzwischen zu einem richtigen Schmuckstück geworden.

TIPP

Beliebte Veranstaltungen im Rittergut sind das Framo-Oldtimer-Treffen und der Rittergut-Advent.

- Kapelle Kauschwitz, Zwoschwitzer Straße 9, 08525 Plauen
- ÖPNV: Bus 46, Haltestelle Kauschwitz Warte

Ein Hirsch mit Ausblick

44

Das Höllental

Auch wenn der Name nicht danach klingt, ist das oberfränkische Höllental ein ganz besonders idyllisches Ausflugsziel im südwestlichen Teil des Vogtlandes. Im Laufe der Jahrmillionen hat sich das Flüsschen Selbitz durch das Diabasgestein geschnitten und so ein rund 3,8 Kilometer langes reizvolles Tal erschaffen. Das Höllental kann man auf mehr als 30 Kilometer Wanderwegen zwischen den Ortschaften Hölle und Blechschmidtenhammer erkunden. Dabei hat man die Wahl, ob man das Höllental von oben bewundern möchte, ob man einen Weg durchs Tal wählt oder beides miteinander verbindet. Die obere Runde ist gespickt mit herrlichen Ausblicken über das Land. Schon kurz hinter dem Parkplatz am Haselhügel erwartet den Wanderer der erste Aussichtspunkt. Von der Höllentalterrasse kann man zur Burg Lichtenberg auf der anderen Seite des Höllentals schauen. Von hier aus ist es nur ein kurzer Weg zum nächsten Aussichtspunkt König David. Ein wahrhaft königlicher Ausblick, der seinem Namen alle Ehre macht. An allen Aussichtspunkten laden immer wieder Bänke zum Verweilen ein. So kann man vollkommen in die Ruhe der Landschaft eintauchen und die Umgebung genießen. Von der König David Aussicht ist es nicht mehr weit zu einer der Attraktionen im Höllental – dem Hirschsprung. Ein Wegweiser weist den Weg hinab zum Hirschsprung. Der steile Geröllweg sollte nur mit festem Schuhwerk und bei Trittsicherheit begangen werden. Aber es lohnt auf jeden Fall. Der Anblick des Hirsches im Sprung vor dem Panorama des Höllentals ist die Anstrengung allemal wert. Der Hirsch erinnert an die Hirsche und Rehe, die bei Treibjagden hier in die Tiefe gestürzt sein sollen, wer weiß, ob der Teufel seine Hände im Spiel hatte. Von hier aus kann man direkt ins Tal hinab oder den Weg oben wieder zurück zum Ausgangspunkt gehen. Der Weg durch das urwüchsige Tal ist nicht weniger spannend. Riesige mit Moos bewachsene Felssteine, die in der Selbitz liegen, bieten einen fantastischen Kontrast zu den schroffen Felsen.

TIPP

Das Gasthaus Hirschsprung in der Nähe des Parkplatzes lädt zu einer Stärkung ein.

- Höllental, 95188 Issigau (Parkmöglichkeit für die obere Runde: Parkplatz Haselhügel)
- ÖPNV: Bus 6349, Haltestelle Eichenstein/Wolfstein, Issigau

Inmitten der Natur

45 Die Schafbrücke im Kemnitzbachtal

Einfach einmal kurz innehalten und die Glücksmomente im Wald genießen – das kann man besonders gut bei einer Wanderung im Kemnitzbachtal zwischen Ruderitz und Geilsdorf. Die Wege durch das Tal sind still und ruhig und man hört nur das leise Plätschern des Kemnitzbaches. Aber der Wanderer kann sich hier nicht nur an der erfrischenden Waldluft und an den grünen Wiesen erfreuen, hier gibt es mitten im Wald ein besonders schönes Bauwerk. Die Schafbrücke im Kemnitzbachtal ist eine der romantischsten Brücken des Vogtlandes. Sie ist eine kleine Steinbogenbrücke aus natürlichen Bruchsteinen, die gerade einmal eine Spannweite von 4,4 Metern aufweist und den Kemnitzbach überquert. Die Brücke stammt aus dem Jahr 1652 und gehörte als Schaftrift zum Rittergut Geilsdorf. Über die Brücke wurden früher die Schafe auf die offene Wiese zum Hüten getrieben. Sie wurde 1992/93 saniert und erstrahlt heute wieder in voller Pracht. Das kleine Flüsschen, das sich durch die herrlichen Bäume schlängelt, wird von dem kleinen Viadukt umrahmt. Besonders schön ist es bei Sonnenauf- oder -untergang. Dann wirkt das magische Licht fast wie aus einem Märchen. Wer hier steht, ist gefangen von der Magie des Augenblicks und kann alles Drumherum vergessen. Es muss nicht immer ein großes Bauwerk sein, auch eine so kleine Brücke kann ein ganz besonderer Glücksort sein. Unweit der Brücke erwartet den Wanderer ein weiteres Naturdenkmal. Hier stehen zwei riesige, knorrige Eichen, die beide über 350 Jahre alt sind. Die Trauben- und die Stieleiche beeindrucken durch ihren beachtlichen Stammumfang von über 4 Metern. Es wird vermutet, dass sie zur Zeit des Brückenbaus hier gepflanzt wurden. Wenn man den Weg weiter flussabwärts am Kemnitzbach entlangwandert, erreicht man nach rund 2 Kilometern die einzige sprudelnde Thermalquelle im sächsischen Vogtland in der Nähe der Neumühle. Das mineralisierte Wasser schießt hier mit einer Temperatur von 25 Grad aus dem Boden.

TIPP

Im nahen Ruderitz kann man an den Wochenenden im historischen Gasthof Ruderitz einkehren.

● Schafbrücke über den Kemnitzbach, 08538 Burgstein

Ein Hauch von Frankreich

46

Patisserie und Café klein & fein in Plauen

Französischer Wind weht in Plauen am Johanniskirchplatz. Das Café klein & fein verzaubert die Gäste mit unwiderstehlichen köstlichen Patisserieteilchen. Von außen wirkt die Patisserie unscheinbar, aber innen wird man direkt in eine andere Welt versetzt. Ein kleines Schild weist den Weg zum Glück. Beim Eintreten verströmt die Patisserie einen angenehmen pastelligen Charme. Die Wände sind roséfarben mit kleinen Stuckdetails. Marmortische und die leichten Plexiglasstühle runden die Gestaltung ab. Goldene und roséfarbene Details durchziehen den Raum. Die Wände verschönern Aquarelle von Gabriele Koch, die passend zum französischen Ambiente der Patisserie entstanden sind. Die schönen Illustrationen gibt es auch als Karten in der Patisserie zu kaufen. Hier harmoniert alles wunderbar und ist bis ins kleinste Detail abgestimmt. Alles wirkt herrlich französisch. Passend dazu lächeln die kleinen Köstlichkeiten den Gast aus der Kuchentheke an. Die Auswahl fällt nicht leicht: Die farbenfrohen Macarons und Cupcakes in verschiedenen Varianten, kleine Zitronen- und Karamelltarts und köstliche Moussetörtchen sind schon optisch absolute Highlights, die einem das Wasser im Mund zusammenlaufen lassen. Die Patisseriestückchen sind perfekt komponierte Kunstwerke und fast zu schade zum Vernaschen. Sie werden liebevoll von Hand gefertigt und schmecken einfach göttlich. Aber nicht nur Süßmäuler kommen hier auf den Geschmack. Für die Liebhaber von herzhaften Sachen hält die Patisserie klein & fein leckere Quiches bereit. Verschiedene Tee- und Kaffeespezialitäten sowie französische Limonade und ein feines Angebot an handgeschöpfter Schokolade runden das Angebot ab. Man kann sich die kleinen Köstlichkeiten übrigens auch für zu Hause einpacken lassen. Außerdem fertigt die Inhaberin Caroline Lange, die sich mit der Patisserie einen lang gehegten Traum erfüllt hat, extravagante Torten für alle Anlässe auf Bestellung. Sie sind das Highlight einer jeden Kaffeetafel.

TIPP

Einige der Köstlichkeiten kann man auch im Onlineshop bestellen.

- Patisserie und Café klein & fein, Johanniskirchplatz 2, 08523 Plauen, Tel. (0 37 41) 1 74 90 62, www.kleinundfein-patisserie.de
- ÖPNV: Straßenbahn 1, 3, 4, 5, 6, Haltestelle Tunnel

Urlaub mit Glücksgarantie

47

Bergheim Container Lofts in Schöneck

Wer möchte nicht gern am Morgen mit einem Panoramablick über das Vogtland erwachen? Möglich ist dies in den Bergheim Lofts. Hier befindet sich eine der wohl ungewöhnlichsten Übernachtungsmöglichkeiten im Vogtland. Drei Hochseecontainer, die den Weg von Hamburg ins Vogtland gefunden haben, wurden zu modernen Unterkünften ausgebaut. Aus den Seecontainern entstanden Tiny Houses, die Designverliebte und Technikaffine gleichermaßen begeistern. Außen und innen verbinden die Container Industrial Chic und Natur und gehen dabei eine reizvolle Mischung ein. Holzmöbel und -flächen, gestaltet von regionalen Firmen, versprühen Gemütlichkeit und bringen quasi den Wald direkt in die Lofts. Die mit Liebe eingerichteten Tiny Houses sind platzmäßig perfekt durchdacht. Auch der kleinen Küche mit dem gemütlichen Sitzbereich fehlt es an nichts. Wer trotzdem auswärts frühstücken möchte, kann das nahe gelegene IFA-Hotel nutzen. Das Hotel mit seiner markanten Architektur aus den 1970er-Jahren liegt direkt im Rücken der Container und verfügt außerdem über ein großes Freizeit- und Wellnessangebot. Technikbegeisterte werden sich in den Seecontainern über die Smart-Home-Steuerung freuen, die über ein Tablet an der Wand funktioniert, das gleichfalls als Fernseher genutzt werden kann. Aber das Schönste an den übereinanderstehenden Containern sind die großen Panoramafenster und die geräumige Terrasse, die im Sommer zu einem zweiten Wohnzimmer werden kann. Frische Waldluft und rauschende Bäume, was braucht man mehr, um glücklich zu sein? Vielleicht im Winter noch eine Skipiste direkt vorm Haus? Auch die bietet das Bergheim. Denn die Container stehen direkt am Berg der Skiwelt, der sich in den Sommermonaten zu einer Mountainbikeabfahrt wandelt. Vollkommene Glücksgefühle stellen sich bei Sonnenuntergang ein, wenn die Sonne hinter den Gipfeln verschwindet und den Horizont in ein traumhaftes Licht taucht. An diesem Ort versteht man, warum Schöneck den Beinamen „Balkon des Vogtlandes“ trägt.

TIPP

In unmittelbarer Nähe steht mit dem Herz von Schöneck ein perfekter Fotopunkt.

● Bergheim Container Lofts, Hohe Reuth 9, 08261 Schöneck/Vogtland, Tel. (03 74 64) 8 93 21, www.berg-heim.de

● ÖPNV: RB 1, 5, Haltestelle Bahnhof Schöneck/Vogtland Ferienpark; Bus 22, Haltestelle Schöneck Hoteleingang IFA

Zu Besuch bei Otto Dix

48

Entdeckungen rund um den Mohrenplatz in Gera

Der Mohrenplatz im Geraer Stadtteil Untermhaus ist der vermutlich stimmungsvollste Platz der Stadt. Er liegt idyllisch zwischen einer Anhöhe mit dem Bergfried des ehemaligen Schlosses und dem Ufer der Weißen Elster. Seinen Namen erhielt der Platz von dem ehemaligen Gasthof Zum Mohren, der hier von 1540 bis 1923 existierte. Heute ist das prägende Bauwerk die imposante Marienkirche mit ihrem sehenswerten Balkenwerk im Inneren. Die Kirche wurde 1440 im spätgotischen Stil erbaut und ist eine der schönsten und ältesten Kirchen der Stadt. Aber auch rechts und links der Kirche stehen interessante Häuser. Linker Hand befindet sich das Geburtshaus von Otto Dix. Der Maler wurde 1891 in dem zu Beginn des 18. Jahrhunderts erbauten Fachwerkhaus geboren und ist hier aufgewachsen. Seit 1991 beherbergt es eine sehenswerte Ausstellung über Leben und Wirken des großen Sohns der Stadt. Kirche und Haus sind durch einen ruhigen und idyllischen Hinterhof verbunden, in dem man den Trubel der Stadt vergessen kann. Rechter Hand der Kirche steht das Lummersche Backhaus. Hofbäcker Lummer ließ es 1742 aus ehemals zwei Häusern errichten. Er nutzte das Haus als Backstube und Verkaufsraum. Auch heute beherbergt es ein Restaurant. Direkt neben dem Lummerschen Backhaus führt die im Jahr 1863 erbaute Untermhäuser Brücke über die Weiße Elster. Sie ist eine der ältesten noch erhaltenen Stahlnietenbrücken in Mitteldeutschland. Bei schönem Wetter kann man nicht nur über die Brücke flanieren, sondern auch bei einem Gläschen Wein und leckerem Essen das bunte Treiben beobachten, denn auf der Brücke befindet sich der Freisitz des Lummerschen Backhauses. Einen der schönsten Blicke auf das Gesamtensemble des Mohrenplatzes hat man von der Uferseite am gegenüberliegenden Hofwiesenpark. Durch die Bäume hindurch eröffnet sich ein im wahrsten Sinne des Wortes malerischer Blick auf die Silhouette des Platzes. Schon Otto Dix hat ihn auf Bildern festgehalten, weshalb er den Beinamen Otto-Dix-Blick bekam.

TIPP

Am Bergfried öffnet an warmen Tagen ein Biergarten mit einem wunderbaren Blick über die Stadt.

- Mohrenplatz, 07548 Gera
- ÖPNV: Straßenbahn 1, Haltestelle Otto Dix; Straßenbahn 1, Bus 20, 205, 222, Haltestelle Friedrich-Naumann-Platz

Auf Granit gebaut

49 Rundweg an der Burgruine Epprechtstein

Nahe dem kleinen Ort Kirchenlamitz führt ein kurzer, aber erlebnisreicher Rundweg um den Epprechtstein. Neben der wahrlich fantastischen Aussicht gibt es eine Burgruine zu entdecken und man erfährt an den zahlreichen Tafeln eine Menge über den mühsamen Abbau und die Verwendung des Granits. Der Ausgangspunkt der Wanderung ist das Granitlabyrinth am Infozentrum Epprechtstein. 180 Granitquader und eine 5 Meter hohe Säule in der Mitte bilden das Labyrinth. Direkt auf der anderen Straßenseite beginnt der Steinbruchrundwanderweg. Er gibt zahlreiche Einblicke in die Gewinnung des Materials, das hier schon seit dem Mittelalter abgebaut wird. Rund um den Epprechtstein gab es 20 Steinbrüche, von denen drei noch immer in Betrieb sind. Der romantische Weg durch den Wald führt vorbei an den Zeugnissen der einst harten Arbeit, wie einer Pulverkammer und der alten Verladerampe. Der schöne Blick in den wassergefüllten Schlossbrunnenbruch lässt einen vergessen, wie schwer der Abbau hier war. Aber nicht nur heute ist das Gebiet um den Epprechtstein ein beliebtes Ausflugsziel – es zog sogar das preußische Königspaar hierher: Im Sommer 1805 besuchten Friedrich Wilhelm III. von Preußen und seine Gemahlin Luise das Fürstentum Bayreuth. Ein Punkt ihrer Reise war die Burgruine. Um ihnen den Aufstieg so angenehm wie möglich zu gestalten, wurden ein neuer Weg sowie Stufen aus Granit hinauf zur Burg angelegt. Auch heute steigt man die moosbewachsenen Granitstufen hinauf zur Burg Epprechtstein und kann sich wie das Königspaar fühlen. Seit der Zerstörung durch Heinrich IV. von Plauen 1553 stehen die Reste der Burg auf dem Epprechstein und bilden eine romantische Kulisse mit fantastischem Ausblick. Die Ruine steht auf einer unbewaldeten, lang gestreckten Granitplatte. Der turmartige Palas wurde mit einem hölzernen Aufbau als Aussichtsplattform versehen. Da in keine Richtung Bäume den Weg verstellen, hat man von hier aus einen ganz unvergleichlichen Rundumblick über das Land.

TIPP

Ganz in der Nähe gibt es auf dem Buchberghof leckerstes Eis aus Milch von der Kuh im Stall nebenan.

- Rundweg Burgruine Epprechtstein, 95158 Kirchenlamitz (Parkplatz Infozentrum Epprechtstein)
- ÖPNV: Bus 24, Haltestelle Buchhaus, Kirchenlamitz

Bootsvergnügen

50 Die Schlossinsel in Rodewisch

Am Stadtpark in Rodewisch liegt die romantische Schlossinsel. Den charakteristischen Mittelpunkt der kleinen Insel bildet das idyllische Renaissanceschlösschen, das um 1500 erbaut wurde. Das pittoreske Schlösschen erstrahlt in hellem Weiß und ist ein beliebter Anziehungspunkt. Der Festsaal mit seiner wertvollen Deckengestaltung wird gern für Hochzeiten und Konzerte genutzt. Außerdem kann man heute die Reste der alten Wasserburg aus dem Mittelalter auf der Insel bestaunen. Schon kurz nach 1900 war die Schlossinsel ein beliebtes Ausflugsziel. Zu diesem Zeitpunkt gingen das Schloss und sein Rittergut in städtischen Besitz über. Es wurde in den nahen Stadtpark integriert. Die Hauptattraktion entstand mit der Ausschachtung des alten Wassergrabens. Er wurde zu einem Gondelteich erweitert. Damals wie heute ist es ein großes Vergnügen, um das Schloss zu rudern. Gemütlich kann man auf dem Teich und entlang des Schlossgrabens einmal um die Insel herumschippern. Es ist einer der Geheimtipps im Vogtland schlechthin. Was gibt es Schöneres, als sich in aller Ruhe und Gemütlichkeit über das Wasser treiben zu lassen? Der schöne Rundweg führt vorbei am alten Herrenhaus, durch Brücken und immer entlang am dichten Grün der Parkanlage. Besonders romantisch sind die Stellen, an denen die alten Baumriesen über das Wasser gewachsen sind. Man kann die Stille des Wassers genießen und hört nur die Vögel zwitschern. Es ist ein großer Spaß für die ganze Familie, aber man kann dabei auch wunderbar abschalten. Ruderboote verleiht gegen eine geringe Gebühr der Inselimbiss. Für eine Runde sollte man etwa 30 Minuten einplanen. Entspannt kann man den Ausflug mit einem Besuch am Inselimbiss ausklingen lassen. Bei Kaffee und Kuchen, kleinen Snacks oder einem Eis lässt man hier die Tour Revue passieren. Wer keine Lust auf eine Bootstour hat, kann einen gemütlichen Spaziergang durch den Park unternehmen oder einfach am Wasser sitzen und die besondere Atmosphäre auf der Schlossinsel einsaugen.

TIPP

Vom Schlösschen führt der Planetenweg durch die Stadt bis zur Sternwarte Rodewisch.

- Schlossinsel, Schlossstraße 2, 08228 Rodewisch
  Inselimbiss mit Bootsverleih, 08228 Rodewisch
- ÖPNV: Bus 12, 20, 61, Haltestelle Rodewisch, Gondelteich

Vampiren auf der Spur

51

Fledermauserlebnisgarten Langenwolschendorf

Fledermäuse haben schon immer die Fantasie des Menschen beflügelt. Um sie ranken sich zahlreiche Legenden. Vampire werden mit ihnen in Verbindung gebracht, ebenso wie Batman, denn beide tragen einen fledermausähnlichen Umhang. In China hingegen sind Fledermäuse beliebte Glücksbringer. Den geheimnisvollen Wesen wurde in Langenwolschendorf ein informativer Fledermauserlebnisgarten gewidmet. Auf einer Streuobstwiese oberhalb des Ortes entstand ein beliebter Anziehungspunkt für große und kleine Fledermausfans. Im liebevoll gestalteten Park gibt es an zahlreichen Stationen Wissenswertes über die Tiere der Nacht zu erfahren. Man kann eine Fledermaushöhle, in der sich alles um das Winterquartier der Fledermäuse dreht, sowie einen Erlebnisbereich mit der Darstellung der Sommerlebensräume erkunden. Und während die Kleinsten in der Kletterlandschaft toben, können sich die Eltern auf den Bänken ein wenig Ruhe gönnen. Außerdem wurde ein grünes Klassenzimmer errichtet, das für Vorträge im Freien genutzt wird. Und es gibt eine spannende Horchbox mit Detektor, mit dem die Ultraschalllaute der Fledermäuse hörbar gemacht werden können. Im Erlebnisgarten, der auf dem rund 2,6 Kilometer langen Sonnenrundweg liegt, kann man die faszinierenden Tiere näher kennenlernen und dabei die herrliche Natur genießen. Start und Ziel des Weges ist das Gemeindeamt. Die erste interessante Station befindet sich auch direkt dort, denn hier steht eine historische Milchrampe. Auf dem Rundweg wartet außerdem ein herrlicher Blick übers Land. Den besten Rundumblick hat man vom Aussichtsturm auf der Schönen Höhe. Die Aussicht begeisterte schon Fürst Heinrich XLII. (Reuß jüngere Linie), der auf der Anhöhe ein 1791 Lusthäuschen erbauen ließ. 2013 wurde der Pavillon in den historischen Abmaßen neu erbaut. Auch hier kann man in herrlicher Ruhe den Ausblick genießen und vielleicht sieht man in der Abenddämmerung eine Fledermaus am Himmel.

TIPP

Ein weiterer Rundweg durch den Ort ist der Quellenweg, der unter anderem zur Waldquelle führt.

- Fledermauserlebnisgarten, am Ende der Hauptstraße, 07937 Langenwolschendorf (Parkplatz am Gemeindeamt, Hauptstraße 81)
- ÖPNV: Bus 35, 132, Haltestelle Langenwolschendorf Gemeinde

Imposante Zeitzeugen

52 Ruine der Burg Neuberg in Podhradí

Die Burg Neuberg in Podhradí ist das älteste Bauwerk im böhmischen Teil des Vogtlandes. Ein spannender und abwechslungsreicher Weg führt rund um die romantischen Ruinen. Vermutlich wurde die Burg zu Beginn des 13. Jahrhunderts durch die Ritter von Neiperg (Neuburg) auf einem Bergsporn gebaut. Das Anwesen wurde später den Vögten von Plauen als Lehen übertragen und Ende des 14. Jahrhunderts ging der Besitz an das oberfränkische Adelsgeschlecht derer von Zedtwitz über. Die Burg wurde zu ihrem zentralen Sitz. Durch einen Brand während des Dreißigjährigen Krieges – wahrscheinlich 1647 – wurde die Burg Neuberg komplett zerstört und blieb erst einmal unbewohnt. Reste der Ruine wurden später als Material für den Bau eines neuen Schlosses in unmittelbarer Nähe genutzt. Einzig der 22 Meter hohe Turm auf dem Bergsporn blieb bis heute von der alten Burg übrig. Interessant ist, dass der Zugang zum Turm etwa 8 Meter über dem Erdboden liegt und man nur über eine Leiter in den Turm kam. Heute ist es einfacher, man erreicht über eine äußere Treppe die Tür. Von oben hat man einen sehr schönen Blick über Podhradí. Mitte des 18. Jahrhunderts zog wieder Leben ein, und das gleich doppelt. Durch Teilung der Herrschaft entstanden verschiedene Zweige, die sich jeweils ein eigenes Schloss erbauten. Aber auch von den beiden Schlössern ist heute nichts mehr erhalten. Der Wald eroberte das Gebiet zurück und die Ruinen gerieten in Vergessenheit. Erst in den letzten Jahren besann man sich wieder der Geschichte. In 13 Jahren mühevoller Arbeit wurde die Ruine vom Schutt befreit und gesichert. Mauerreste wurden freigelegt und der Park wiederhergestellt. Ein sehr gut in Deutsch und Tschechisch ausgeschilderter Rundweg lässt die Besucher in die spannende und vielfältige Geschichte eintauchen. Der Weg führt über verschiedene Etappen zu den idyllischen Ruinen der Burg und des Schlosses und in den angrenzenden Park. Die große Artenvielfalt an Flora und Fauna lässt den Spaziergang nicht langweilig werden.

TIPP

Die Kirche in Podhradí ist die älteste evangelische Kirche im ehemaligen Österreich-Ungarn.

● Burgruine Neuberg, 35201 CZ-Podhradí

Wie Gulliver auf Reisen

53

Klein-Vogtland in Adorf

Kann man die berühmtesten Bauwerke des Vogtlandes an nur einem Tag bereisen? Ja, kann man. Möglich macht dies die Miniaturschauanlage Klein-Vogtland in Adorf. Detailgetreu und liebevoll gestaltet reihen sich die schönsten Sehenswürdigkeiten maßstabsgetreu aneinander. Man entdeckt die Göltzschtalbrücke ebenso wie das Plauener Rathaus oder den Aussichtsturm auf dem Wirtsberg und die Rundkirche in Klingenthal. Im Klein-Vogtland werden die Wahrzeichen der Umgebung möglichst originalgetreu nachgebildet. In der landschaftsparkähnlichen Anlage wird dabei bewusst auf Figuren an den Miniaturen verzichtet, denn hier sollen die Modelle im Mittelpunkt stehen und zu einem Besuch des großen Originals anregen. Lediglich eine kleine Garteneisenbahn darf ihre Runden drehen und erfreut damit nicht nur die Kinder. Auf dem Rundgang fühlt man sich ein bisschen wie Gulliver bei seinen Reisen durch Liliput. In nur wenigen Schritten kommt man wie mit Siebenmeilenstiefeln von einem Ort zum anderen. Die Miniaturwelt Klein-Vogtland ist ein Erlebnis für Groß und Klein und ein richtiger „Oh-schau-mal-Park". „Oh, schau mal, da waren wir doch neulich" oder „Oh, schau mal, da müssen wir unbedingt einmal hin." Das sind die Sätze, die man hier wohl am häufigsten hört. Der Park ist ein Erinnerungswecker und ein Anstoß für die nächsten Ausflüge zugleich. Pläne dafür sind beim Schlendern durch den Park schnell geschmiedet. Die Miniaturschauanlage Klein-Vogtland zeigt nicht nur Modelle vogtländischer Sehenswürdigkeiten, sondern hier gibt es auch einen Botanischen Garten, der sich auf Pflanzen der alpinen Flora spezialisiert hat. Mit den Jahreszeiten ändert sich aufgrund der unterschiedlichen Blütezeit der Hochgebirgspflanzen immer wieder das Gesicht des Gartens. Hier sieht man, wie schön und abwechslungsreich die Natur auch in der kargen Landschaft sein kann. Außerdem gehört zu dem Ausstellungskomplex ein Teich, in dem sich Kois, Goldfische und Karpfen tummeln.

TIPP

Das Perlmuttermuseum in Adorf widmet sich der Flussperlmuschel und deren einstiger Verarbeitung.

- Klein-Vogtland, Waldbadstraße 7, 08626 Adorf/Vogtland
  www.klein-vogtland.de
- ÖPNV: Bus 92, 93, 94, Haltestelle Waldbad

Ein Naturparadies

54

Das Triebtal zwischen Pöhl und weißer Elster

Zwischen der Staumauer der Talsperre Pöhl und der Elstertalbrücke schlängelt sich das kleine Flüsschen Trieb durch das nach ihm benannte Triebtal. Es ist Teil der vogtländischen Schweiz, die ihren Namen von den Romantikern des 19. Jahrhunderts erhielt. Im Laufe der Jahrmillionen hat die Trieb ein tief eingeschnittenes Tal geschaffen. Entstanden ist eine wildromantische, schroffe Felslandschaft. Riesige moosbewachsene Steine und Felsbrocken übersäen das Flussbett des wild vor sich hin fließenden Gewässers. Die meterhohen, einzeln stehenden Felsen lassen das Tal fast surreal aussehen. Die naturbelassenen Wanderwege führen entlang des Flussbettes und geben immer wieder den Blick auf die urwüchsigen Steilhänge frei. Auf einigen der Felsen warten auf den Wanderer sensationelle Ausblicke. Ein Abstecher zur Friedenshöhe oder dem Mosenturm lohnt wegen der unvergleichlichen Aussicht auf jeden Fall. Das Triebtal begeistert mit einer unberührten Idylle. Zahlreiche Pflanzen und Tiere haben hier ihren Lebensraum. Es ist ein wahres Glück, durch das ruhige Tal zu spazieren und dabei die Zeit zu vergessen. Die Stille der Natur wird nur durch das Zwitschern der Vögel und das Plätschern der Trieb unterbrochen, Straßen gibt es hier keine. Es ist nicht nur ein Paradies für Wanderer, sondern auch für Fotografen und Instagrammer, die hier immer wieder sehr spannende Motive finden. Kurz vor der Elstertalbrücke mündet die Trieb in die Weiße Elster. Die Brücke selbst ist mit einer Höhe von 68 Metern und 280 Meter Länge die zweitgrößte Ziegelsteinbrücke der Welt. Die kleine Schwester der Göltzschtalbrücke ist aber nicht weniger sehenswert. Die Elstertalbrücke wurde 1851 vollendet und noch heute fahren über, aber auch durch die zweistöckige Brücke Züge. Das Besondere an der Elstertalbrücke ist, dass auf halber Höhe ein Wanderweg über die Brücke führt. Von hier aus hat man einen spektakulären Blick über das Tal der Elster bis hin zum Triebtal.

TIPP

Unweit des Triebtals liegt idyllisch im Wald die Gaststätte Pfaffenmühle mit einem schönen Biergarten.

- Triebtal zwischen der Talsperre Pöhl und der Elstertalbrücke (Wanderparkplatz am Bahnhof in Jocketa)
- ÖPNV: RB 4, Haltestelle Barthmühle; RB 2, 3, 5, Haltestelle Jocketa

Hingucker mit Weitblick

55

Der Aussichtsturm von Remtengrün

Von der Anhöhe in Remtengrün hat man einen wunderbaren 360-Grad-Blick. Es ist der perfekte Platz für einen Aussichtsturm. Schon 1880 wurde ein erster Turm errichtet. Er war komplett aus Holz, aber leider hielt er nur wenige Jahre. Sein Nachfolger wurde 1930 erbaut. Aber auch er musste schon 1952 aufgrund von Baufälligkeit geschlossen werden. Letztlich wurde er 1961 abgerissen. Der 1993 erbaute Holzturm hielt ebenfalls nicht sehr lange. Er wurde 2017 gesperrt. Da der Turm mittlerweile zu einem Identifikationsmerkmal geworden war, sollte nicht wieder so viel Zeit zwischen Abriss und Neubau vergehen. Seit September 2020 kann sich Remtengrün mit einem ganz außerordentlichen Turm schmücken. Dieses Mal verzichtete man auf Holz als Baumaterial, denn der neue Aussichtspunkt sollte witterungsbeständiger sein. Das neue Modell besteht aus 15 Tonnen Stahl, mehr als 1700 Schrauben halten es fest zusammen. Optisch besteht ein großer Unterschied zu den vorangegangenen Holztürmen. Entstanden ist ein futuristisches Bauwerk, das weit in den Himmel zu streben scheint. Schon wegen der außergewöhnlichen Architektur ist der Turm einen Ausflug wert, denn er ist ein echter Hingucker. Aber auch die Aussicht von hier ist nicht zu verachten. Nach 95 Stufen erreicht man die zweigeteilte Plattform und blickt weit über das Vogtland. Was für eine Aussicht! Man erkennt Schöneck, den Ascher Bismarckturm im böhmischen Vogtland und sogar bis in die Leipziger Tieflandbucht reicht der Blick. Zwei Fernrohre rücken die Landschaft noch näher. Für Autofahrer gibt es am Turm genügend Parkplätze, aber natürlich kann man ihn auch erwandern oder per Rad erreichen. Ein etwa 10 Kilometer langer Rundwanderweg führt vom Bahnhof Adorf über den Bahnweg Richtung Siebenbrunn nach Remtengrün zum Turm und über den Remtengrüner Weg und später entlang des Bahndamms wieder zurück nach Adorf. Ein abwechslungsreicher Weg, der mit dem Turm einen wahren Höhepunkt hat.

TIPP

Die 1-Euro-Münze für die Turmbesteigung bitte passend parat haben.

- Aussichtsturm, Turmweg, 08626 Adorf/Vogtland OT Remtengrün
- ÖPNV: Bus 96, Haltestelle Remtengrün, Feuerwehr

„E' Dreckerten, bitte"

56

Spirituosenfabrik Zill & Engler

Mitten im Villenviertel von Reichenbach steht eine der traditionsreichsten Spirituosenfabriken des Vogtlands: Zill & Engler. 1887 gründeten Carl Luis Zill und August Emil Engler ihr Unternehmen, das auch heute noch am gleichen Standort produziert. Seit 1987, also 100 Jahre nach der Gründung, liegen die Geschicke der Firma bei Thomas Lauer und seiner Familie. Der Schnaps, für den Zill & Engler im ganzen Vogtland bekannt ist, ist der Grün-Bitter – ein Kräuterschnaps ohne Zuckerzusatz. Im Volksmund wird er „E' Dreckerter" (Ein Dreckiger) genannt. Für den Ursprung des Spitznamens gibt es zwei Erklärungen: zum einen die dreckig grüne Farbe des Schnapses. Zum anderen wird behauptet, dass früher in Gaststätten noch etwas Pfeffer ins Glas gestreut wurde. Genau lässt es sich wohl heute nicht mehr sagen. Bestellt wird der „Dreckerte" trotzdem immer noch gern. Aufs Gramm genau werden die Kräuter, Wurzeln und Gewürze für den beliebten Schnaps abgewogen und dann im Mazerations- und Destillationsverfahren weiterverarbeitet. Aber die Rezeptur des Schnapses ist natürlich streng geheim. Wer einen Eindruck von den darin enthaltenen Kräutern erhalten möchte, kann einen Blick in den kleinen Kräutergarten direkt an der Firma werfen. Es ist ein liebevoll gestalteter, kleiner Garten mit großen Tongefäßen und typischen Pflanzen wie Arnika oder Blutwurz, die im Kräuterschnaps enthalten sind. Zur Herstellung werden die Pflanzen nicht verwendet, sie sind nur zum Anschauen gedacht. Heute umfasst das Sortiment noch eine Reihe anderer Schnäpse, wie zum Beispiel die Kließ-Brie – die Kloßbrühe, einen Anisschnaps, der vom Aussehen an das Kochwasser der typischen grünen Klöße erinnert, oder auch den Vogtländischen Heißkopf – einen wärmenden Rumpunsch. Am Sitz in der Weststraße in Reichenbach kann man im historischen Ambiente des kleinen Geschäfts alle Schnäpse in unterschiedlichsten Abfüllungen kaufen.

TIPP

Ein Bummel durch das umliegende Villenviertel rundet den Besuch ab.

- Spirituosenfabrik Zill & Engler, Weststraße 10, 08468 Reichenbach
www.zill-engler.de
- ÖPNV: Bus 10, 80, 81, 82, 83 A/B, 85, 86, 89, Haltestelle Hotel Adler

3,50 €
Vogtländische Spezialitäten

Postkartenidylle

57 Der Sauteich bei Muldenberg

Auch wenn sein Name nur wenig einladend klingt, ist der Sauteich einer der idyllischsten Seen im Vogtland. Ruhige Wanderwege führen zu diesem wahr gewordenen Traum mitten im Wald. Von der Staumauer der Talsperre Muldenberg sind es rund 2 Kilometer bis zum Sauteich. Der gut ausgeschilderte Weg führt in das Gebiet der ehemaligen Floßgraben. Diese entstanden Ende des 16. Jahrhunderts unter Kurfürst August I. Mit ihrer Hilfe konnte das begehrte Brennholz über die Rote und Weiße Mulde bis nach Leipzig und Halle geflößt werden. Da die Kapazitäten nicht ausreichten, wurde das Floßsystem immer wieder erweitert. 1610 wurde letztlich auch der kleine Saubach flößbar gemacht. In diesem Zusammenhang wurde der Sauteich oberhalb eines kleinen Hanges angelegt. In ihm wurde Wasser angestaut, um die Bäche mit genügend Wasser versorgen zu können. Nun konnte auch Holz aus dem Gebiet um den Schneckenstein in die großen Städte geflößt werden. Der Wanderweg führt durch das von den zahlreichen Armen des Saubachs geprägte Waldgebiet. Plötzlich und unvermittelt steht man direkt vor dem erhöht angelegten Sauteich. Idylle pur. Ganz still liegt der glasklare See umringt von Tannen mitten im Wald. An einer kleinen Hütte laden Bänke zum Verweilen ein. Hier kann man die Ruhe und die umwerfende Schönheit genießen. Es ist der perfekte Ort für eine Stadtflucht ins Grüne oder wahlweise ins Weiße, denn zur Winterzeit ist es hier besonders schön. Der Schnee verhüllt die Landschaft und der See wirkt noch romantischer und märchenhafter. Wenn der Schnee unter den Füßen knirscht und die Sonne sich auf der Eisfläche spiegelt, möchte man nie wieder weg von hier. Ein wahrhaft zauberhaftes Fleckchen Erde. Bevor man den Rückweg antritt, kann man linker Hand des Teiches eine Floßrutsche bestaunen. Sie lässt die Flößereitradition lebendig werden. Mit Hilfe der hölzernen Rutsche wurden früher beim Flößen die Höhenunterschiede überwunden. Sie wurde vom Flößerverein in Muldenberg originalgetreu erneuert.

TIPP

Jedes Jahr am Himmelfahrtstag findet in Muldenberg das Flößerfest mit Schauflößen statt.

● Sauteich, 08223 Grünbach-Muldenberg (Parkplatz an der Staumauer der Talsperre Muldenberg an der S 304)

Der Natur auf der Spur

58 Tiergehege Greiz in Waldhaus Mohlsdorf

Ganz idyllisch mitten im Greiz-Werdauer Wald liegt die Siedlung Waldhaus mit einem wunderschönen Tiergehege. Der kleine Ort ist 1724 auf einem Rodungsgebiet im Waldgebiet zwischen Greiz und Werdau entstanden. Vom zentralen Parkplatz direkt am Ortseingang ist es nur ein kurzer Weg durch den kleinen Ort. Schon bald sticht einem das ehemalige Forstamt ins Auge. Nun sind es nur noch wenige Schritte bis zum weitläufigen Tiergehege und dem Naturschutzzentrum. Bis zum Jahr 1969 stand auf dem Gelände mitten im Wald das Jagdschloss von Fürst Heinrich XXII. Ganz romantisch trug es den Namen Ida-Waldhaus, nach dem Namen seiner Frau. Nach dem Tod des Fürsten folgten zahlreiche Zwischennutzungen. 1969 ersann man für das Gebiet eine völlig neue Nutzung als Naherholungsgebiet. Da das Schloss nicht in dieses Konzept passte, wurden die meisten Teile abgerissen. Es entstand ein naturnahes Tiergehege, das noch heute zahlreiche Besucher anlockt. Das Gelände liegt eingebettet in den Wald und ist immer frei zugänglich. In den Großgehegen befinden sich vorrangig einheimische Tiere wie die Thüringer Waldziege, Mufflons oder auch das Coburger Fuchsschaf. Große und kleine Naturentdecker dürfen die Tiere auch füttern. Dafür gibt es entsprechendes Futter am Automaten. Außerdem zwitschern in kleinen Volieren Vögel und es gibt verschiedene Zwergkaninchen und Meerschweinchen zu bestaunen. Ganz in ihrer Nähe sind die Bänke unter der Pergola, die im Sommer zu einem wahren Blumenmeer wird, eine willkommene Gelegenheit für eine Pause. Von hier aus blickt man auf ein kapellenähnliches Haus. Es ist das Mausoleum, das Fürst Heinrich XXII. 1878 bis 1883 erbauen ließ. Die Fürstenfamilie liebte die Stille des Waldes und wollte in der Nähe des Jagdschlosses beigesetzt werden. Nach einer Sanierung in den Jahren 1994 bis 1997 kann es an ausgewählten Tagen im Jahr besichtigt werden. Wenn man es nur von außen betrachtet, begeistert es durch die schlichte Eleganz der Neogotik.

TIPP

Im Umgebindehaus kurz hinter dem Parkplatz befindet sich eine Töpferei, die Töpferkurse anbietet.

- Tiergehege Greiz in Waldhaus Mohlsdorf, 07987 Mohlsdorf (Parkplatz Scheitallee)
- ÖPNV: Bus 7, Haltestelle Waldhaus

Das Bad der Könige

59

Bäderarchitektur in Bad Elster

Auch wenn die kleine Stadt Elster einstmals nicht so bekannt war wie ihre großen Schwestern im Böhmischen, wusste man durchaus um die heilende Wirkung der hier vorhandenen Quellen. Immerhin wurde die Moritzquelle schon 1531 entdeckt. Der Aufschwung begann mit der Ernennung zum Königlich-Sächsischen Staatsbad 1848. Seit 1875 wird der Kurort zusätzlich mit dem Namen Bad Elster geehrt. Hier gingen die sächsischen Könige ein und aus, der Name des sächsischen Königs Albert ist allgegenwärtig. Bad Elster ist ein kleiner, feiner Kurort, der den Charme einer vergangenen Zeit ins Heute trägt. Es verleiht wahre Glücksgefühle, durch die Kuranlagen zu wandeln und die Schönheit sowie das Flair der Stadt zu genießen. Die klassische Bäderarchitektur rund um die Kurpromenade zeugt von der Blütezeit in Bad Elster. Das historische Albert Bad, das im verschwenderischen Stil zwischen Barock und Jugendstil errichtet wurde, gilt als eines der ältesten Moorheilbäder Deutschlands. Noch heute kann man im Inneren ein altes Moorbad bewundern und ist ganz verzückt beim Betreten der reich verzierten Eingangshalle. Das wahre Highlight wartet etwas versteckt am Hintereingang – dem Eingang, den wohl die hohen Herrschaften benutzt haben sollen. Die sogenannte Waldkuppel verzaubert jeden mit ihrer Schönheit. Heute beherbergt das Bad ein Therapie- und Anwendungszentrum sowie eine Bade- und Saunalandschaft. Direkt gegenüber thront auf einer kleinen Anhöhe das schlossähnliche Kurhaus. Es ist umringt von einer Parkanlage. Nur wenige Meter entfernt steht das König Albert Theater, das weit über die Grenzen hinaus bekannt und beliebt ist.

TIPP

In der Soletherme kann man dank der hohen Salzkonzentration im Wasser schweben. Herrlich!

Die Marienquelle am Badeplatz ist jüngeren Datums, aber nicht weniger sehenswert. Das Quellhaus wurde in den 1930er-Jahren erbaut und schon von Weitem sichtbar strahlt die goldene Krugträgerin auf dem Dach. Die Innengestaltung wurde nach einem Hochwasser in den 1950er-Jahren komplett erneuert. Bei einem Schluck der heilenden Quellen kann man hier wunderbar entspannen.

- Bäderarchitektur entlang der Badstraße, 08645 Bad Elster, www.badelster.de
- ÖPNV: Bus 92, 93, 94, Haltestelle König Albert Theater

Kunst am Bau ohne Bau

60 Standbild bei Löbichau

Bei Löbichau steht mitten in der ehemaligen Tagbaulandschaft eines der größten frei stehenden Kunstwerke, das der Kunst am Bau der DDR zuzuordnen ist. Es ist das Standbild „Die friedliche Nutzung der Kernenergie“ von Werner Petzold. Architekturbezogene beziehungsweise baubezogene Kunst prägt zahlreiche Bauten im Osten des Landes. Mit dem Verschwinden vieler Gebäude der Ostmoderne ging auch die an ihnen befindliche Kunst verloren. Doch einige Kunstwerke konnten gerettet werden und erleben heute eine Renaissance. Eines davon ist „Die friedliche Nutzung der Kernenergie“ von Werner Petzold. Es ist mit 12 × 16 Meter eines der größten Standbilder Deutschlands. Aber es stand nicht immer in der freien Landschaft. Über viele Jahre zierte es den Giebel des Hauptgebäudes der Wismut-Verwaltung in Paitzdorf. Der 1940 in Leipzig geborene Petzold schuf viele Werke für Wismut, so auch dieses Standbild, das er von 1972 bis 1974 im Stil des Sozialistischen Realismus fertigte. Das Bild besteht aus 384 emaillierten Stahlblechen. Abgebildet werden Bergleute und Ingenieure. Sie alle gruppieren sich um einen stilisierten Atomkern. Es zeigt eine idealisierte Form des Umgangs mit der Atomenergie. Mit dem Abriss des Gebäudes wurde das riesige Bild gesichert und eingelagert. Ein zweites Leben bekam das Werk, als es als Teil der Resurrektion Aurora zwischen der Halde Beerwalde und dem Förderturm Löbichau des ehemaligen Schachtes 403 aufgestellt wurde. Mit seiner monumentalen Größe ist es ein beeindruckender Solitär in der Landschaft, der streitbar ist und auf diese Weise zur Diskussion anregt. Die Resurrektion Aurora war ein Begleitprojekt der Bundesgartenschau 2007 und verbindet gelungen die Geschichte des Bergbaus mit Kunst und Poesie. Durch das Gebiet zieht sich ein Fahrrad- und Wanderweg entlang einer für die Gartenschau neu gepflanzten Lindenallee, die an verschiedenen Kunstwerken vorbeiführt. Bei einem Spaziergang kann man Kunst und Natur entdecken und beides auf sich wirken lassen.

TIPP

Die Neue Landschaft Ronneburg im ehemaligen Bergbaugebiet ist heute ein beliebter Landschaftspark.

- Standbild „Die friedliche Nutzung der Kernenergie“, Resurrektion Aurora zwischen Beerwalde und Löbichau, 04626 Löbichau
- ÖPNV: Bus 353, 355, Haltestelle Löbichau; Bus 353, Haltestelle Beerwalde, Teich

Ein falsches Labyrinth

61

Der Bürgerpark Theresienstein in Hof

Der Theresienstein ist ein weitläufiger Park in Hof, der sich bis fast in die Innenstadt erstreckt. Im Gegensatz zu vielen anderen Parkanlagen ist der Theresienstein schon immer ein Bürgerpark gewesen, das heißt, er verdankt seine Entstehung allein bürgerlichem Engagement. Er ist der älteste seiner Art in Deutschland und wurde nicht zu Unrecht 2003 zum „schönsten Park Deutschlands" gekürt. 1819 begann man, ein bis dato karges Gelände auf einer Felserhebung an der Saale als Parkanlage umzugestalten. Im Zuge der Landesgartenschau 1994 wurde der Park weitestgehend wieder in den Ursprungszustand gesetzt. Heute kann man bei einem Spaziergang durch den Park die freigelegten Sichtachsen und Bachläufe so betrachten, wie sie im 19. Jahrhundert geplant wurden. Man wandelt in dem weitläufigen Areal auf zahlreichen Spazierwegen, die zu Plätzen der Ruhe und des Glücks führen. So auch zum Labyrinth. Ein Lehrer legte hier für seine Schüler einen Irrgarten an. Heute deutet nur noch der Name auf den Ursprung hin. Einen Irrgarten gibt es schon lange nicht mehr, dafür aber eine künstliche Burgruine. Bei einer Vergrößerung der Anlage Ende des 19. Jahrhunderts wurde nicht nur der Labyrinthberg aufgeforstet, sondern auch eine Anlage errichtet, die die Illusion einer mittelalterlichen Burgruine erzeugen sollte. Sie passte wunderbar in den romantisierenden Zeitgeschmack der damaligen Zeit. In der Burgruine wurde einer der wenigen verbliebenen Reste des Hofer Schlosses verbaut – das alte gotische Tor. Das Hofer Schloss fiel 1743 dem großen Stadtbrand zum Opfer. Der Torbogen verbindet an der künstlichen Ruine den Basteirundbau mit dem 16 Meter hohen Aussichtsturm. Von hier aus bietet sich ein herrlicher Blick übers Land. Außerdem gibt es auf dem Theresienstein einen Botanischen Garten, einen Zoo, einen Geopfad und vom Wirtschaftsgebäude hat man nicht nur einen Blick auf die wundervollen Blumenbeete, sondern auch einen der schönsten Blicke in die Stadt Hof.

TIPP

Mehr über das ehemalige Schloss erfährt man im Museum Bayerisches Vogtland.

- Bürgerpark Theresienstein, Theresienstein 1, 95028 Hof (kostenfreier Parkplatz in der Plauener Straße)
- ÖPNV: Bus 3, 4, 13, Haltestelle Zoo (Wendeschleife)

Kaffee mit eigener Note

62

Die Neue Kaffeerösterei in Plauen

Wenn einem in Plauen in der Neundorfer Straße der Duft von frisch geröstetem Kaffee in die Nase steigt, dann ist es nicht mehr weit bis zur Neuen Kaffeerösterei. Direkt gegenüber der Alten Feuerwache und der Sparkasse hat die Neue Kaffeerösterei ihr Domizil. In gemütlicher Umgebung gibt es frisch gerösteten Kaffee. Im hinteren Bereich der Kaffeerösterei kann man einen Blick auf das Herzstück werfen – den Coffeetool Trommelröster. In ihm werden mehrmals wöchentlich die Bohnen frisch geröstet. Für jede Sorte wird ein eigenes Röstprofil angelegt, damit das typische Aroma besonders gut zur Geltung kommt. Durch die langsame und schonende Röstung wird der Kaffee nicht bitter und bewahrt die vielfältigen Geschmackskomponenten. Die Bohnen stammen aus fairem Handel und kommen unter anderem aus Lateinamerika und Afrika. Auch wenn der Schwerpunkt hier auf der Rösterei liegt, kann man in der gemütlichen Umgebung den Kaffee gleich in unterschiedlichen Varianten probieren. Der Cafébereich ist eine Mischung aus puristischem Industrial Style und Vintage-Look. Vorne ziehen der Stehbereich und die Theke die Blicke auf sich. Hinten befindet sich eine gemütliche Sitzecke. Bei schönem Wetter kann man sich den Kaffee auch draußen schmecken lassen. Es ist der perfekte Ort für eine Pause beim Stadtbummel oder auch einfach nur, wenn man Appetit auf einen guten Kaffee hat. Wer Kaffee liebt, kommt an einem Besuch in der Neuen Kaffeerösterei auf keinen Fall vorbei, denn hier wird aus Kaffee Leidenschaft. Man genießt in netter Atmosphäre frisch gerösteten Kaffee und leckere Kleinigkeiten, die das Sortiment abrunden. Und während man den Kaffee schlürft, kann man sich gern erklären lassen, wie er genau geröstet wird. In den großen Regalen stehen verschiedene Sorten, sodass man sich diese direkt für den Genuss zu Hause mitnehmen kann, und natürlich gibt es noch das eine oder andere Produkt rund um den Kaffee.

TIPP

Direkt gegenüber befindet sich in der Alten Feuerwache die Jugendherberge.

● Neue Kaffeerösterei, Neundorfer Straße 4, 08523 Plauen
www.neuekaffeeroesterei.de
● ÖPNV: Straßenbahn 1, 3, Haltestelle Neues Rathaus

Schüssel mit Aussicht

63

Der Große Waldstein

Romantische Waldwege, sagenumwobene Orte und sensationelle Ausblicke, was braucht man mehr zum Glücklichsein? All das findet man auf dem Rundweg am Großen Waldstein in der Nähe von Zell. Hier lag mit der Ostburg im 12. und 13. Jahrhundert die weiteste Ausdehnung des vögtischen Einflussgebiets in Franken. Noch heute zeugen die malerischen Ruinen der Ost- und der Westburg von dieser Zeit. Direkt vor der Ruine der einst stolzen Westburg steht der sagenumwobene Teufelstisch. Es ist ein gewaltiger, sich nach oben erweiternder Felsblock. Hier soll der Teufel mit dem einst mächtigsten Geisterbanner der Gegend Karten gespielt haben. Die Löcher am Tisch sind Zeuge vom Spiel mit den eisernen Spielkarten. Der Weg am Großen Waldstein führt weiter entlang gigantischer Felswände. Sie scheinen von magischer Hand wellenartig aufgeschichtet zu sein. In der Burgruine der Ostburg geht es über Treppen hinauf zur Schüssel. Heute mag der Name komisch anmuten, aber er hat seinen Ursprung tatsächlich in einer Art Schüssel. Da, wo heute die Aussichtsplattform steht, gab es eine natürlich entstandene Verwitterungsmulde, in der sich Regenwasser sammelte. Schon im 19. Jahrhundert war die Aussicht von hier sehr spektakulär. Sie war so beliebt, dass sich 1851 Bayerns König Maximilian II. und seine Frau zu einem Besuch ankündigten. Für den hohen Besuch besserte man in den umliegenden Orten Straßen und Wege aus und putzte alles heraus. Allerdings störte noch die Schüssel, die aufgrund des darin stehenden Wassers oft unangenehm roch. Man fasste den Plan, die Ränder abzumeißeln, damit das Wasser ablaufen konnte. Die Mulde wurde verfüllt und auf neu geschaffenen Fundamenten ein Aussichtshaus errichtet. Auch wenn der König aus Zeitgründen dann doch seinen Besuch abgesagt hatte, blieb den Bewohnern ein sehr schöner Aussichtspunkt, der heute zu einem der meistbesuchten Orte des fränkischen Fichtelgebirges zählt. Und das vollkommen zu Recht, denn man hat eine fantastische Rundumsicht über die Landschaft.

TIPP

Nahe dem Parkplatz steht der einzige in Deutschland erhaltene Bärenfang.

- Großer Waldstein, 95239 Zell im Fichtelgebirge (Parkplatz am Waldsteinhaus, Waldstein 1)
- ÖPNV: Bus 6351, Haltestelle Wandererparkplatz Waldsteinhaus (Sa./So., Feiertage)

Kling, Glöckchen

64 Hochofen der Glockengießerei in Morgenröthe

Im idyllischen Tal der Pyra liegt der Ort mit dem klangvollen Namen Morgenröthe. Seinen Ursprung hat der Name im Zinnbergwerk Die Morgenröthe, das sich hier im 17. Jahrhundert befand und in dessen Umgebung eine Siedlung entstand. Neben dem Zinnbergwerk wurde ein Hammerwerk gebaut, das 1798 der Leipziger Unternehmer Lattermann kaufte. Unter seiner Führung wuchs das Werk und wurde mit einem Hochofen erweitert. 1820 wurde dieser durch einen neuen steinernen Hochofen ersetzt. Der heute klein anmutende Hochofen war damals der größte seiner Art in Sachsen. Bis 1874 war er in Betrieb. Heute zählt er zu den wenigen noch erhaltenen alten Hochöfen und zeugt von der schweren Arbeit der Eisengießerei. Im Umfeld des Hochofens wurde ein kostenfrei zugängliches Freilichtmuseum gestaltet, das sich der Geschichte der Morgenröther Gießereien widmet. In Morgenröthe gab es eine der wenigen Eisenglockengießereien Deutschlands. Die Glocken wurden im Eisenhartgussverfahren hergestellt. Hinzu kam eine ganz besondere Legierung – der Klanghartguss. Ihr Klang stand den Glocken mit Bronzelegierung in nichts nach. Die Glocken aus Morgenröthe waren sehr gefragt. Fast 10.000 Stück wurden hier gefertigt und klingen nun in aller Welt. Die zwei größten Glocken wurden 1926/27 für den Dom in Riga gegossen. Sie wiegen jeweils 8,5 Tonnen und haben eine Höhe von 3 Metern. Im kleinen Freilichtmuseum kann man einige der hier hergestellten Glocken bestaunen und erfährt Wissenswertes über die Geschichte. Der Ausflug lässt sich wunderbar mit einer Wanderung durch das romantische Pyratal verbinden. Ein Wanderweg führt durch das abgelegene und waldige Tal der Großen Pyra bis nach Sachsengrund. Vorbei an den alten Zoll- und Grenzerhäusern sowie dem Gasthaus Weidmannsheil geht es über das Naturschutzgebiet 3 Bächle wieder zurück nach Morgenröthe. Auf diesem Abschnitt der Tour wird man mit wunderschönen Ausblicken belohnt und kann über 200 Jahre alte Fichten bestaunen.

TIPP

Im Gasthaus Weidmannsheil in Sachsengrund kann man auf der Wanderung einkehren.

- Hochofen der Glockengießerei, Pyratalstraße (ungefähr auf Höhe Haus Nr. 35), 08262 Muldenhammer OT Morgenröthe
- ÖPNV: Bus 22, Haltestelle Morgenröthe, Hochofen

Gegossen 1921 in Morgenröthe
für die Kirchgemeinde
Untersachsenberg - Georgenthal
im damaligen Landkreis Auerbach
Material: Eisenhartguß
Durchm.: 110 cm
Gewicht: 500 Kg
Stimmung: ais
TRÜBSAL.
GEORGENTHAL. 1921.

Alpenromantik in Böhmen

65

Kladská im Kaiserwald

Inmitten der stillen Wälder und romantischen Seen des Kaiserwaldes kann man nachvollziehen, warum der Fürst Schönburg-Waldenburg sich direkt in die Umgebung verliebte. Ende des 19. Jahrhunderts kam der Fürst zu einer Jagd nach Lázně Kynžvart (Bad Königswart). Aber er blieb nicht nur zur Jagd, sondern ließ sich hier 1875 ein Haus im Schweizer Stil erbauen. Er kaufte das Haus auf der Weltausstellung in Wien. Dort wurde es in seine Einzelteile zerlegt und in Kladská (Glatzen) wieder aufgebaut. Zur Wende zum 20. Jahrhundert folgten noch fünf weitere Häuser, deren Architektur an Gebäude in der Schweiz oder Tirol erinnert. Sie bilden heute die kleine Siedlung Kladská. Sie entwickelte sich schnell zu einem sehr beliebten Ausflugsziel. Selbst der englische König Eduard VII. war hier zu Besuch und genoss die Ruhe der Natur. Heute fühlt man sich hier der Zeit entrückt. In den im Originalzustand erhaltenen Häusern befinden sich Hotels und Restaurants. Das Thema der Jagd ist überall spürbar. Von hier aus kann man einen Rundweg durch die herrliche Natur im Herzen des Kaiserwaldes machen. Ein Weg führt auf einem Holzsteg entlang eines Lehrpfades durch das Naturschutzgebiet Kladské rašeliny (Glatzener Moor). Vorbei an sumpfiger Landschaft, einem herrlichen See und Bäumen, deren Geäst bis zum Boden reicht, ist es ein abwechslungsreicher Rundgang. Der Weg durch die vielfältige Landschaft ist etwa 2 Kilometer lang. Auf zahlreichen Bänken kann man die Seele baumeln lassen, die Stille der Natur genießen, entspannen und dabei die mannigfaltige Flora und Fauna betrachten. Die Umgebung von Kladská ist ein besonderes Biotop, das vielen Tieren eine Heimstatt gibt. Sehenswert ist außerdem der benachbarte Kyselé jezero (Saurer See), der seine Quelle in einem der sauersten Gebiete Europas hat. Ein weiterer Spaziergang führt zu einem Park mit Arboretum und dem Grab des Gründers des Jagdschlösschens. Denn der Fürst wollte in Sichtweite zu seiner geliebten Ortschaft begraben werden.

TIPP

Im rustikal gemütlichen Ambiente des Restaurants U Tetřeva kann man sich nach der Wanderung stärken.

● Kladská (Glatzen), CZ-35301 Mariánské Lázně (Marienbad)
● ÖPNV: Bus 411380, Haltestelle Kladská

Wo das Glück zu Hause ist

66 Spaziergang durch das idyllische Dorf Raun

Raun liegt eingebettet in der landschaftlich schönen Umgebung zwischen Bad Elster und Bad Brambach und kann ohne Weiteres als eines der schönsten Dörfer des Vogtlandes bezeichnet werden. Die typische Reihenstruktur des Waldhufendorfes ist hier noch komplett erhalten. Bei einem Spaziergang durch das Dorf erblickt man zahlreiche Fachwerkhäuser. Man merkt schon an den Häusern, dass man sich in Raun im Grenzgebiet zu Tschechien befindet. Im Dorf bestimmen Umgebindehäuser, Umschrothäuser, wie sie typisch für das obere Vogtland sind, und Wirtschafts- und Nebengebäude aus Holzbauweise das Bild, aber man sieht auch einige Häuser im Egerländer Stil. Kennzeichen für diesen Stil sind die mehrfachen Riegel am Giebel und die zahlreichen Strahlenstreben sowie die rote Bemalung des Holzes, das einen starken Kontrast zu dem weißen Putz bildet. Die Häuser sind Zeugen der engen Verflechtung des oberen Vogtlandes mit dem böhmischen Raum um Cheb. Heute steht das Dorf mit seinen zahlreichen Mehrseitenhöfen unter Denkmalschutz. Wer mit offenen Augen durch den Ort geht, kann zahlreiche historische Details und ganz wundervolle Fachwerkhäuser entdecken. Dass es wieder in seiner einstigen Schönheit erstrahlt, ist dem engagierten Wirken des Architekten Benno Kolbe zu verdanken. Er kämpfte für den Erhalt der Fachwerkhäuser und für eine behutsame Sanierung und Nutzung der Häuser in Holzbauweise. Was für ein Glücksfall. So kann man heute ein Dorf bewundern, das in seiner Ursprünglichkeit begeistert. Raun ist heute zum Inbegriff für die Erhaltung der ländlichen Architektur geworden. Sehenswert ist außerdem die Dorfkapelle, die ihren Ursprung im 16. Jahrhundert hat und somit eine der ältesten im Vogtland ist. Vor ihrer Erweiterung zur heutigen Größe war die Kapelle eine Wallfahrtskirche. Bei einem Spaziergang durch das malerische Dorf, die ländliche Umgebung und die ruhigen Anhöhen kann man die Schönheit des Ortes auf sich wirken lassen.

TIPP

Einkehrmöglichkeiten gibt es im Rauner Hof, in der Unteren Rauner Mühle oder im Felsenkeller.

- Rundgang, 08648 Bad Brambach OT Raun
- ÖPNV: RB 2, Bedarfshalt Raun; Bus 36, Haltestelle Raun, Wende

Sommerfrische pur

67

An der Talsperre Pöhl

Die Talsperre Pöhl liegt inmitten einer idyllischen Hügellandschaft nur wenige Kilometer von Plauen entfernt und ist eines der beliebtesten Ausflugsziele in der Umgebung. Baden, Campen, Segeln, Wandern, Radfahren, Klettern oder eine Fahrt mit dem Ausflugsschiff – die Möglichkeiten, die das Vogtländische Meer bietet, sind absolut vielfältig. Die Talsperre wurde in den Jahren 1958 bis 1964 erbaut und staut das Wasser der Trieb, eines Nebenarms der Weißen Elster. Ihren Namen erhielt die Talsperre vom Ort Pöhl, der einst dort lag. Die Legende, dass man bei Niedrigwasser den alten Kirchturm sehen kann, ist allerdings nur eine Mär. Die alten Gebäude wurden allesamt bis auf die Grundmauern abgetragen. Pöhl bietet sich für einen Tagesausflug genauso an wie für einen längeren Aufenthalt. Denn auch Camper finden hier hervorragende Bedingungen. Rund um die Talsperre Pöhl gibt es eine Menge Möglichkeiten der Freizeitgestaltung und natürlich der Erholung. Auf zahlreichen Liegewiesen kommt an sonnig warmen Tagen Strandfeeling auf und bei einer frischen Brise fühlt man sich wie am Meer. Im Gegensatz zur Talsperre Pirk fährt über die Talsperre Pöhl auch ein Ausflugsschiff. Bei der einstündigen Rundfahrt kann man die Seele baumeln lassen und nebenbei die Talsperre vom Wasser aus entdecken. Die abwechslungsreiche Tour führt am Kletterwald und an der Staumauer vorbei und man kann Blicke auf die an der Talsperre liegenden Dörfer wie Altensalz erhaschen. Bevor das Schiff zur Wendung ansetzt, durchfährt es die markante Autobahnbrücke. Wer lieber selbst aktiv werden möchte, schippert mit einem Tret- oder Ruderboot übers Wasser. Was für ein Glück ist es, bei schönem Wetter am Strand oder auf der Wiese zu sitzen und aufs Wasser zu schauen, wenn die Sonne es zum Glitzern bringt. Wenn man den Segelbooten beim Vorbeiziehen nachschaut, kann man die Zeit vergessen. Das Glück ist perfekt, wenn man den Tag an einer der Grillstellen ausklingen lässt und dabei der Sonne beim Untergehen zuschaut.

TIPP

Der Kletterwald mit den unterschiedlichen Schwierigkeitsstufen ist ein abwechslungsreiches Erlebnis.

- Talsperre Pöhl, 08543 Pöhl OT Möschwitz
www.talsperre-poehl.de
- ÖPNV: Bus 74, 87, 88, Haltestelle Jocketa Schiffsanlegestelle oder Gunzenberg

Großes Landschaftskino

68

Der Fürstlich Greizer Park mit dem Sommerpalais

Greiz wird nicht umsonst die Perle des Vogtlandes genannt. Die Residenzstadt des ehemals kleinsten Fürstentums in Deutschland begeistert immerhin mit zwei Schlössern, einem Sommerpalais und dem romantischen Fürstlich Greizer Park. Mit der Vereinigung der Grafschaft Reuß Ober- und Untergreiz wollte Heinrich XI. ältere Linie ein architektonisches Zeugnis seiner Herrschaft setzen. Das gelang mit dem Sommerpalais. Er ließ es 1769 nach französischem Vorbild im frühklassizistischen Stil auf dem Gelände des Lust- und Küchengartens unterhalb des Oberen Schlosses erbauen. Die repräsentativen Räume lassen den Prunk noch heute erahnen. Das prachtvolle Palais beherbergt jetzt die Staatliche Bücher- und Kupferstichsammlung sowie die Karikaturensammlung. Mit dem Bau des Palais begannen auch erste Veränderungen am Park. Neben barocken Landschaftselementen entstand ein Pinetum – eine Sammlung heimischer und exotischer Nadelgehölze. Nachdem ein Hochwasser 1799 den Lustgarten zerstörte, entschied man sich für weitreichende Veränderungen, die schließlich zwischen 1827 und 1830 umgesetzt wurden. Engagiert wurde hierfür Carl Eduard Petzold, ein Schüler von Fürst Pückler-Muskau. Unterstützt wurde er von Rudolph Reinecken, der den Park noch bis ins 20. Jahrhundert maßgeblich mitgestaltete. Der Park ist ein besonderes Beispiel für spätklassizistische Gartenkunst. Er hat zu jeder Jahreszeit seinen besonderen Reiz. Im Frühjahr beeindruckt die riesige Magnolie die Besucher, später begeistern die reich bepflanzten Blumenbeete und Kübelpflanzen, im Mai verwandelt die Majalis-Orchidee die Hammerwiese in ein violettes Blütenmeer, das Herbstlicht taucht die Bäume rund um den idyllischen Binsenteich in eine magische Lichtstimmung und der Schnee verzaubert die Natur im Winter. An vielen Stellen bieten sich wunderbare Blicke zum Schloss oder zum Aussichtspunkt am Weißen Kreuz. Und wer keine Lust auf einen Spaziergang hat, kann im Küchenhaus eine Kaffeepause machen.

TIPP

Das Obere und das Untere Schloss laden zu einem Ausflug in die Geschichte des Fürstentums Reuß ein.

● Fürstlich Greizer Park, Leonhardtstraße 35, 07973 Greiz
www.greizer-parkfreunde.de (Parkplatz am Elsterufer)
● ÖPNV: Bus 1, 5, 6, 18, 81, Haltestelle Puschkinplatz Hst 1; Bus 3, 25, Haltestelle Bruno-Bergner-Straße

Vater und Sohn

69

Die Galerie e.o.plauen

Erich Ohser ist einer der berühmtesten Söhne der Stadt Plauen. Besser bekannt ist er sicherlich unter seinem Pseudonym e.o.plauen, das er sich aus Reminiszenz an seine Heimatstadt gab. Ohser wurde 1903 in der Nähe von Oelsnitz im Vogtland geboren und wuchs in Plauen auf. Hier hat man ihm mit der Galerie e.o.plauen ein besonderes Denkmal gesetzt. Das Haus kann man gar nicht verfehlen, denn Vater und Sohn persönlich weisen den Weg. Die Galerie widmet sich auf drei Etagen in wechselnden Ausstellungen dem Leben und vielfältigen Gesamtwerk des Zeichners. Die lustigen Geschichten von Vater und Sohn kommen dabei ebenso vor wie Landschaftsskizzen oder politische Karikaturen. 1934 suchte die Berliner Illustrierte Zeitung einen Zeichner für eine Comicserie nach amerikanischem Vorbild. Erich Ohser bewarb sich mit einer Geschichte von Vater und Sohn, die fortan großen Anklang fand. Aber er galt als politisch verdächtiger Künstler und stand unter Berufsverbot. Für die Serie erhielt er eine Freigabe unter der Auflage, dass seine Zeichnungen nichts Politisches beinhalten dürfen und er unter Pseudonym arbeitet. Ohser veröffentlichte fortan unter seinen Initialen, ergänzt um die Heimatstadt – e.o.plauen. Von 1934 bis 1937 erfreuten sich die Geschichten, insgesamt 185 an der Zahl, größter Beliebtheit. Den kugelrunden Vater und den strubbeligen Jungen muss man einfach mögen. Ein großer Erfolgsfaktor ist sicher die Einfachheit der Geschichten. Es braucht nicht mehr als drei bis acht Bilder – völlig ohne Text. Ein wenig anarchisch, gar nicht ideologisch und ganz viel Liebe vom Vater zum Sohn – das war das Geheimrezept der kurzen Geschichten, mit denen Ohser Generationen von Kindern und Erwachsenen bis heute glücklich macht. Seine Geschichten werden in zahlreichen Ländern verlegt und sind sogar in China und der arabischen Welt populär. Mit seinen zeitlosen und hintersinnigen Geschichten bleibt Ohser immer in Erinnerung. Und die Galerie o.e.plauen trägt ein großes Stück dazu bei.

TIPP

Entlang der Bahnhofstraße in Plauen stehen zahlreiche Holzfiguren von Vater und Sohn.

- Galerie e.o.plauen, Nobelstraße 7 (Eingang über Vogtlandmuseum), 08523 Plauen, www.e.o.plauen.de
- ÖPNV: Straßenbahn 1, Haltestelle Neues Rathaus; Straßenbahn 3, 4, 6, Haltestelle Tunnel

ERICH-OHSER-HAU

Perle am Thüringer Meer

70 Rundgang durch das pittoreske Ziegenrück

Ziegenrück ist mit gerade einmal 650 Einwohnern die fünftkleinste Stadt Deutschlands. Sie liegt idyllisch und naturnah im Tal der vor sich hin mäandernden Saale und zieht die Besucher magisch in ihren Bann. Wie an einer Perlenkette reihen sich die kleinen Schönheiten hier aneinander. Den Rundgang durch die Stadt startet man am besten am ehemaligen Wasserkraftwerk an der Fernmühle. Im Wasserkraftwerk befindet sich heute ein Museum für Wasserkraftnutzung und die Fernmühle ist eine beliebte Gaststätte. Frisch gestärkt geht es den Promenadenweg immer an der Saale entlang ins malerische Zentrum. Unterwegs kommt man am Wahrzeichen der Stadt vorbei – der Ziege. Sie bietet ein beliebtes Fotomotiv. Von hier aus hat man einen besonders schönen Blick hinauf zur Kemenate. Der Wohnturm ist der letzte erhaltene Teil der Burg, der majestätisch auf dem Felssporn thront. Pittoreske Häuser und schmale Straßenzüge prägen den Ort. Besonders auffällig sind die romantischen Fachwerkhäuser aus dem 16./17. Jahrhundert im saalefränkischen Bauernstil. Das Fachwerk mit Bohlenstube beginnt hier in der ersten Etage. Dass diese Häuser so zu erleben sind, ist der Pfarrersfamilie zu verdanken, die in den 1980er-Jahren parallel zur Sanierung der Kirche mit der Rettung der Häuser begann und sie mit großem Aufwand wieder in den Originalzustand zurückversetzte. Was für ein großes Glück! Direkt gegenüber begeistern das Pfarrhaus mit dem Renaissanceportal und das Rathaus aus dem Jahr 1577. Übrigens, die fachwerkartige Außenfassade ist nur aufgemalt. Wieder zurück an der Saale kann man eine Schleife über die Walderlebnisinsel drehen. Unweit des Ziegenrücker Wehres lädt ein rund 2 Kilometer langer Rundweg zu einer spannenden Entdeckungstour auf 13 Stationen durch die heimische Flora und Fauna ein. Für den Weg zum Ausgangspunkt bietet sich die Straßenseite an. Der Häuserzug entstand um 1900. Die Häuser wurden direkt an den Felsen gebaut, denn durch die enge Hanglage war in der Stadt kein Platz für weitere Häuser.

TIPP

An der Saale (unweit der Ziege) kann man bei schönem Wetter Tretboote ausleihen.

- 07924 Ziegenrück (Parkplatz am Wasserkraftmuseum, Lobensteiner Straße 6)
- ÖPNV: Bus 93, 620, 966, Haltestelle Ziegenrück, Saalestraße

In Haus 13 wohnt das Glück

71

Das Bauernmuseum in Nitschareuth

Das malerische Dörfchen Nitschareuth begeistert seine Besucher mit wunderschönen Drei- und Vierseitenhöfen. Kein Wunder, denn es ist eines der besterhaltenen Angerdörfer in Thüringen und steht unter Denkmalschutz. Nur wenige Dörfer besitzen heute noch einen so vollständig erhaltenen Ortskern mit zahlreichen Fachwerkbauten. Auch wenn der ganze Ort ein Museum zu sein scheint, befindet sich das eigentliche Bauernmuseum im Gehöft mit der Nummer 13, die hier ein wahrer Glücksbringer ist. Der Dreiseitenhof, erbaut zwischen 1737 bis 1744, wurde noch bis 1982 bewirtschaftet. Seine museale Nutzung begann wenig später im Jahr 1986. Das Museum begeistert die Besucher mit seiner originalgetreuen Ausstattung. Eine Bauernküche, eine alte Wohnstube und zahlreiche Arbeitsgeräte, Mobiliar und Haushaltsgegenstände lassen das bäuerliche Leben der letzten 200 Jahre lebendig werden. Und das im wahrsten Sinn des Wortes, denn man kann sich bei einem der zahlreichen Workshops selbst betätigen. Wer weiß heute schon noch, wie mit einer Sense gemäht wird oder wie die Urgroßmutter Wäsche gewaschen hat oder wie Butter hergestellt wird? Aber auch Musikveranstaltungen, Märkte und ein Englischstammtisch erfreuen die Gäste. Zu besonderen Anlässen wird sogar der restaurierte Steinbackofen aus dem 18. Jahrhundert in Betrieb genommen. Ein kleines Idyll zum Abschalten und Innehalten findet man hinter dem Haus. Der Bauerngarten verzaubert mit einem wunderschön angelegten Kräutergarten mit über 80 Kräutersorten. Zusätzlich wurde eine Streuobstwiese angelegt, die im Frühjahr herrlich blüht, und natürlich wird im Garten auch Gemüse angebaut. Nach dem Museumsbesuch lädt das angeschlossene Café ein. Selbst gebackene Kuchen und Torten sowie herzhafte Kleinigkeiten stehen hier auf der Karte. Im Sommer lässt sich die Pause im malerischen Innenhof genießen und im Winter kann man sich am herrlichen Kachelofen in der Gaststube aufwärmen. Hier fühlt man sich der Zeit entrückt und kann den Alltag hinter sich lassen.

TIPP

Im Bauerngarten kann man im romantischen Schäferwagen übernachten.

Bauernmuseum, OT Nitschareuth Nr. 13, 07957 Langenwetzendorf
www.bauernmuseum-nitschareuth.de

Bauernmuseu

Im Winterzauberwald

72 Am Aschberg

Das Aschberggebiet oberhalb von Klingenthal und Mühlleiten ist eines der schneesichersten Gebiete im Vogtland. Die Höhenlagen bieten in normalen Wintern von Dezember bis März Schnee. Auch wenn es ein beliebtes Ausflugsgebiet ist, kann man hier in aller Ruhe eine Winterwanderung unternehmen. Man hört nichts, außer den eigenen Schritten, wenn der Schnee unter den Füßen knirscht. Immer wieder bleibt man stehen und genießt die herrliche Landschaft und die schweigsame Schönheit der Natur. Wenn sich die Bäume unter der Last des Schnees biegen und die Schneekristalle in der Sonne, die durch die Bäume scheint, funkeln, ist die Landschaft besonders schön. Dann ähnelt der Aschberg einer märchenhaften Zauberlandschaft. Kein Wunder, dass der schönste Teil dieses Gebietes Zauberwald genannt wird. Nur manchmal wird die Stille unterbrochen, wenn die Bäume sich vom Schnee befreien und dieser mit Wucht nach unten fällt. Man kann von hier aus bis auf die tschechische Seite wandern oder eine Skitour unternehmen. Die ersten Skier kamen übrigens 1896 nach Klingenthal. Der Lehrer Beck brachte ein Skiprospekt aus Norwegen zum Stellmacher und ließ sich ein Paar der langen Bretter anfertigen. Schon bald waren die Skeptiker verstummt und Klingenthal entwickelte sich zum Wintersportgebiet. Aber das Aschberggebiet ist nicht nur im Winter schön. Im Frühjahr, wenn alles mit frischem Grün überzogen ist, oder im Sommer, wenn der Wald angenehme Kühle spendet und überall die Heidelbeeren – hier Schwarzbeeren genannt – reifen, oder im Herbst, wenn der Nebel durch die Wälder zieht und die Stimmung magisch ist. Einen der besten Blicke hat man vom Aschbergturm. Wenn man die kurvige Straße von Klingenthal vorbei an schneebedeckten Häusern nach oben kommt, fallen einem der hölzerne Turm und die direkt dahinter gelegene Jugendherberge ins Auge. Der Blick vom Turm über die Landschaft ist spektakulär und man kann sich schon von oben den Weg suchen, den man später entlangwandern möchte.

TIPP

Zum Schwarzbeerfest im September an der Jugendherberge gibt es den leckersten Schwarzbeerkuchen.

● Aschberg mit Aschbergturm, Grenzweg, 08248 Klingenthal

Niedlichkeit in Beton

73

Die Rüsselrutsche in Plauen

Auf Spielplätzen springt einem wahrlich das Glück entgegen. Überall sind leuchtende Kinderaugen, wenn die Kleinen herumtollen und beim Spiel die Zeit vergessen. Man mag kaum glauben, dass Spielplätze erst eine Erfindung der frühen 1920er-Jahre sind. Heute wie damals sind sie ein unendlicher Quell der Freude. Und ganz besonders, wenn ein besonders beliebtes Spielgerät die Zeit überdauert, das Generationen von Kindern glücklich macht und gleichzeitig ein historisches Zeugnis der Kunst am Bau ist. Ein solches Objekt befindet sich in Plauen – es ist die Elefantenrutsche, liebevoll auch Rüsselrutsche genannt. Man steigt über eine kleine Leiter nach oben und über den Rüssel geht es wieder nach unten. Die Betonskulptur wurde von den Bildhauern Johannes Peschel, Egmar Ponndorf und Vinzenz Wanitschke geschaffen. Der Prototyp wurde von ihnen für die Produktionsgenossenschaft Kunst am Bau 1962 entwickelt. Allerdings war der sitzende Ur-Elefant für die meisten Kindergärten oder Gemeinden zu teuer. Immerhin sollte er 12.000 Ost-Mark kosten. Die zwei gegossenen Exemplare stehen heute noch in Leipzig und in Dresden. Daraufhin entwickelten die drei Bildhauer ein preiswerteres Modell, das auch einfacher zu transportieren war. Denn der kleine Bruder des Prototyps bestand aus 14 einzelnen Betonteilen. Der Preis des reduzierten Modells der Rüsselrutsche konnte halbiert werden. 1965 begann die Produktion und damit der Siegeszug der niedlichen Elefanten, die für zahlreiche Städte gefertigt wurden. Leider haben die Elefanten nicht in allen Städten überlebt. Aber in Plauen können Kinder weiterhin dem Elefanten den Rüssel herunterrutschen. Da der Beton nicht so rutschfreundlich ist wie moderne Rutschen, wurde er 2015 geglättet und mit einem dezenten Anstrich versehen. Nun kann die Spielskulptur noch weitere Generationen von Kindern erfreuen. Den grauen Riesen mit dem langen Rüssel, den Ohren zum Durchkriechen und den Stoßzähnen zum Balancieren muss man einfach lieben.

TIPP

Ein abstraktes Werk der Ostmoderne ist die Fassadengestaltung am Plauener Rathaus von Karl-Heinz Adler.

● Spielplatz mit Rüsselrutsche, Stauffenbergstraße 4, 08523 Plauen
● ÖPNV: Straßenbahn 1, 3, Haltestelle Seehaus

Mittelalterromantik

74

Der schönste Blick auf die Burg Schönfels

Bei Burg Schönfels ist der Name Programm: Sie steht erhaben auf einem Felssporn und prägt schon von Weitem die Landschaft. Sie ist eine der eindrucksvollsten Burganlagen in Sachsen und hat noch exakt dieselben Grundrisse wie zur Zeit ihrer Entstehung um 1225. Die Burg bildete lange Zeit die Grenze zwischen dem Pleißenland und dem Vogtland. In den historischen Gemäuern wird das Mittelalter lebendig. Mit ihrem Bergfried, der Ringmauer mit dem Wehrgang, aber auch mit Wall und Graben zeigt sich die Burg in einer beeindruckenden Geschlossenheit und Ursprünglichkeit. Besonders sehenswert sind im Inneren die spätgotische Bohlenstube mit der wunderbar erhaltenen Kielbogentür und die Burgkapelle mit der einzigartigen Schrank-Holzorgel. Seit 1975 ist hier ein Museum. Neben dem Rundgang durch die historischen Räume gibt eine Dauerausstellung einen Einblick in die regionale Baugeschichte und die ehemaligen Besitzer von Burg Schönfels. Ergänzend finden zahlreiche Sonderausstellungen statt. Und natürlich muss es auch eine zünftige Burgschänke geben. Aber wie es bei großen Anlagen oft ist, hat man den schönsten Blick von einem entfernteren Punkt. So auch bei der Burg Schönfels. Er eröffnet sich dem Besucher vom Gondelteich aus. Der Schönfelser Bach und der Burgteichbach bilden hier einen malerischen kleinen Teich, den man bequem umrunden kann. Ein besonders romantischer Blick bietet sich direkt gegenüber der Burg in der Nähe der Teichtaverne. Wenn beim Sonnenuntergang die Burg in die letzten Strahlen des Sonnenlichts getaucht wird, ist sie märchenhaft schön. Und man sieht das imposante Gemäuer gleich doppelt, denn es spiegelt sich wunderschön im Gondelteich. Auch von der zum Teil überdachten Terrasse der Teichtaverne kann man bei mediterraner Küche den romantischen Blick auf die Burg genießen. Was gibt es Schöneres!

TIPP

Alljährlich ziehen die Ritterspiele oder das Unikum-Musikfestival zahlreiche Gäste an.

- Burg Schönfels, Burgstraße 34, 08115 Lichtentanne OT Schönfels
  www.burg-schoenfels.de
- ÖPNV: Bus 181, Haltestelle Anger

Bier ist Frauensache

75

Meinel-Bräu aus Hof

Bei Meinel-Bräu in Hof ist das Bierbrauen Frauensache. Die Schwestern Monika und Gisela Meinel-Hansen sind als Braumeisterinnen für den leckeren Gerstensaft verantwortlich und führen eine lange Familientradition erfolgreich fort. In mittlerweile zwölfter Generation wird seit 1731 in der Familienbrauerei Bier gebraut. Gisela Meinel-Hansen steuert als erste Frau die Geschicke der Familienbrauerei. Ihre beiden Töchter möchten später in die Fußstapfen ihrer Mutter treten und die Leitung übernehmen. Die Brauerei erstreckt sich auf einem Hügel in der Nähe des Theresiensteins bis hinunter zur Saale. Über allem wacht das alte Sudhaus. Den Hang hinab befinden sich Lager- und Technikgebäude und die Abfüllanlage. Im Brauereihof kann man im Bräukontor die hier gebrauten Biere direkt erwerben. Alle Biere tragen die herrlich nostalgischen Etiketten mit dem markanten Signet. Es zeigt das verschmitzte Lächeln einer Frau, die einen großen Schluck des leckeren Bieres trinkt. Es ist eine Hommage an Kunigunda Barbara Meinel, eine Vorfahrin, die in Hof eine legendäre Wirtin war. Zu speziellen Gelegenheiten kann man eine interessante Tour durch die Brauerei unternehmen. Dabei erfährt man, wie aus den regionalen Rohstoffen das schmackhafte Bier entsteht. Wer es probieren möchte, kann dies in zahlreichen Gaststätten der Umgebung tun, aber auch in dem brauereieigenen Biersalon Trompeter in der Innenstadt von Hof. Der Biersalon ist ein gemütlicher Ort, eingerichtet mit einer Mischung aus Industrial Style und Vintage-Möbeln. Aus den Zapfhähnen fließen dabei neben traditionellen Bieren auch besondere Bierspezialitäten. Mittlerweile werden bei Meinel 19 Sorten gebraut. Neben klassischem Pils und Hellem gibt es so klangvolle Biere wie Holladiebierfee, ein Dinkel-Pale-Ale, oder Saisonbiere wie das Blümla, ein fruchtbetontes Weizen. Dazu wird im Trompeter fränkisches Essen mit einem Pfiff Moderne serviert … was braucht man mehr für einen perfekten Abend.

TIPP

In Meinel's Bas schräg gegenüber der Brauerei gibt es Meinel Bier im schönsten Biergarten von Hof.

● Meinel-Bräu, Alte Plauener Straße 24 (Zufahrt über Schleizer Straße 4 a), 95028 Hof, www.meinel-braeu.de
Biersalon Trompeter, Bismarckstraße 10, 95028 Hof
● ÖPNV: Bus 4, 13, 155, Haltestelle Theresienstein (Meinel-Bräu)

Meinel-Bräu
Hof/Bayern

Im Farbenrausch

76 Der Dahliengarten in Gera

Eine besondere Farbenpracht zeigt sich dem Besucher des Dahliengartens in Gera alljährlich im Spätsommer. Wenn der Sommer sich langsam verabschiedet, laufen die Dahlien zu Höchstform auf und es beginnt ein wahres Blütenfeuerwerk. In den Jahren 1927/28 entstand auf einer alten Lehmgrube im Südwesten der Stadt der Dahliengarten als erster Schaugarten in Deutschland, der sich ausschließlich den bunten Schönheiten aus Mexiko widmet. Damals wie heute stammen die Knollen aus der traditionsreichen Dahlienstadt Bad Köstritz ganz in der Nähe von Gera, denn hier liegt die Wiege der deutschen Dahlienzucht. In Gera erfreuen die sonnenverwöhnten Dahlien die zahlreichen Besucher in allen erdenklichen Farbschattierungen und mit einer riesigen Formenvielfalt. Es gibt kugelrunde Dahlien, die wie riesige Pompons aussehen, andere sind fedrig leicht oder gar strubbelig. Man kann sich an dem abwechslungsreichen Blütenmeer gar nicht sattsehen. Wenn der Park Anfang Oktober seine Pforten schließt, werden die Dahlienknollen ausgegraben und an interessierte Pflanzenfreunde verkauft. Dieser Tag zieht noch einmal Dahlienfans von nah und fern an, bevor der Park in den Winterschlaf fällt. Mittelpunkt des wundervollen Gartens ist der Brunnen „Die Dahlie“ von Thilo Schoder. Er hat in Gera nicht nur durch seine zahlreichen Bauten im Stil des Bauhauses und des Neuen Bauens Spuren hinterlassen, sondern auch mit diesem prägnanten Brunnen, der an eine Dahlie erinnern soll. Sein Entwurf gewann einen Wettbewerb im Jahr 1929. Mit dem Ausbruch des Zweiten Weltkriegs wurde der Garten geschlossen. Die Fläche diente während dieser Zeit als Gemüsegarten des städtischen Krankenhauses. Nach dem Krieg wurde er in Parzellen aufgeteilt und Vertriebene bauten Gemüse zur Eigenversorgung an. Durch den Einsatz der Geraer konnte der Garten 1950 in seiner ursprünglichen Form wieder eröffnet werden. Seitdem erfreut die Königin der Herbstblumen mit ihren prächtigen Blüten Jahr für Jahr Einheimische und Gäste.

TIPP

In unmittelbarer Nähe lädt der Tierpark zu einem Besuch ein.

- Dahliengarten, Eingänge: Am Martinsgrund, Rathenaustraße, Straße des Friedens, 07548 Gera, www.dahliengarten-gera.de
- ÖPNV: Straßenbahn 3, Bus 10, 11, 17, 200, 200, 222, 810, 890, Haltestelle An der Spielwiese

Ritterlicher Ausblick

77 Burg Hartenštejn in Bochov

Aufgrund der strategisch bedeutsamen Lage des Böhmischen Vogtlandes wurden im Mittelalter auf den Hügeln zahlreiche Burgen errichtet. Viele zeugen heute als Ruine von der damaligen Zeit und verbreiten einen Hauch Ritterromantik. Eine der schönsten Ruinen ist die Burg Hartenštejn (Hartenstein). Schon vom Parkplatz sieht man den halbrunden prägnanten Turm der Burg. Und man weiß, nun ist es nicht mehr weit bis zum Ziel. Ein gut ausgeschilderter Weg führt hinauf zur Ruine. Die Burg wurde in der zweiten Hälfte des 15. Jahrhunderts von den Vögten von Plauen als militärischer Stützpunkt errichtet und war auf dem höchsten Stand der damaligen Verteidigungstechnik. Erstaunlich ist, dass nie ein Versuch unternommen wurde, die Burg einzunehmen, obwohl sie gut sichtbar auf dem Hügel außerhalb der Stadt Bochov (Buchau) steht. Trotzdem blieb ihr das Schicksal, als Ruine zu enden, nicht erspart. Schon in der zweiten Hälfte des 16. Jahrhunderts galt sie als unbewohnt. Sie wurde ab dieser Zeit weder zu Wohn- noch zu Verteidigungszwecken gebraucht und ihrem Schicksal überlassen. Da sie als Steinbruch für den Neubau der Häuser in Bochov genutzt wurde, blieb bald kaum etwas übrig von der einstmals stolzen Burg. Im Jahr 2009 begann ihr zweites Leben. Man nahm sich der Ruine an und schuf einen beliebten Ausflugsort. Der noch stehende Turm wurde saniert und mit einem Fachwerk versehen. Die weiteren Reste wurden gesichert und saniert. Tafeln mit Bildern aus der Zeit vor der Sanierung verdeutlichen die vollbrachte Leistung. Durch den neu gestalteten Turm bekommt man einen Einblick in die damalige Größe und Schönheit der Anlage. Komplettiert wird der Platz an der Burg durch zahlreiche Bänke. Sie machen die Burgruine zu einem perfekten Ort zum Verweilen. Bei schönem Wetter kann man hier sitzen und die Zeit vergessen. Was gibt es Besseres, als in vollkommener Ruhe mit einem herrlichen Fernblick ein Picknick zu genießen, vielleicht ja auch mit böhmischen Spezialitäten?

TIPP

Der Schlüssel für den Turm kann im Infozentrum oder im Restaurant Radniční sklípek ausgeliehen werden.

- Burg Hartenštejn, Nám. Míru 1, CZ-36471 Bochov (Parkplatz am Ende der ul. Lipova, von dort führt ein Feldweg zur Burg)
- ÖPNV: Bus 411450 ab Karlovy Vary (Karlsbad), Haltestelle Bochov

Schätze in alten Mauern

78 Schloss Voigtsberg in Oelsnitz

Imposant thront Schloss Voigtsberg über der Stadt Oelsnitz. Die alten Gemäuer gehen auf eine mittelalterliche Burganlage zurück, die von den Vögten von Straßberg um die Mitte des 13. Jahrhunderts hier errichtet wurde. Die Mauern des Schlosses könnten viel erzählen. Ihre Geschichte ist durch zahlreiche Umnutzungen geprägt: Die Burg und das Schloss waren unter anderem Verwaltungssitz der Markgrafen von Meißen, Bergamt – und auch Frauengefängnis. Jede neue Nutzung hinterließ auch äußerlich Spuren. Immer wieder wurde um- und angebaut. Der letzte große Umbau konnte 2022 beendet werden. Sichtbarstes Zeichen nach außen ist der Turm, der jahrelang nicht betreten werden durfte. Zum einen war die alte Holztreppe marode geworden und zum anderen war der Turm, der auch als Uhrenturm und Wasserreservoir genutzt wurde, nicht für den Besucherverkehr geeignet. Im Zuge der Sanierung erhielt er eine Stahltreppe, die aufwendig über einen Kran von oben eingesetzt wurde. Außerdem wurde er um eine Aufstockung aus Beton, Glas und Holz erhöht, die nun als Aussichtsplattform dient. Von hier aus genießt man einen herrlichen Blick übers Land. Das Schloss wird heute als Museum genutzt, beherbergt den historischen Kostümfundus und ein Restaurant. Die alte Kernburg beeindruckt die Besucher mit einer Mischung aus Mittelalter, Renaissance und Barock. Absolut sehenswert sind im Inneren die gotische St.-Georgs-Kapelle mit ihren sakralen Kunstwerken sowie die Schösserstube mit einer prächtigen Barockdecke und Wandmalereien aus dem Jahr 1637. Ein unerwartetes Highlight gibt es im Fürstensaal. Denn hier hängt ein echter Tizian: ein Portrait von Katharina von Österreich, das der Meister um 1548/49 malte. In der Kernburg befindet sich auch das Illusorium, das sich märchenhaft und träumerisch dem Lebenswerk der Illustratorin Regine Heinecke widmet. Hier wartet auf Groß und Klein eine Reise in die Welt der Fantasie. Wer es eher steinig liebt, wird im Keller mit Mineraliengewölbe fündig.

TIPP

Das Teppichmuseum im Schloss knüpft an die lange Tradition der Teppichweberei in Oelsnitz an.

- Schloss Voigtsberg, Schloßstraße 32, 08606 Oelsnitz/Vogtland www.schloss-voigtsberg.de
- ÖPNV: Bus 50, Haltestelle Kinderhort; Bus 57, 92, Haltestelle Plauensche Straße

Das Ufo von Klingenthal

79

Schanze in der Vogtland Arena in Klingenthal

Eingebettet in die wunderschöne Berglandschaft in Klingenthal ragt wie ein kleines Ufo die Kapsel der Großschanze der Vogtland Arena in die Höhe. Nach dem Abriss der alten Schanze am Aschberg begann man 2003 mit dem Bau einer modernen Schanze am Nordosthang des Schwarzberges. In nur 31 Monaten Bauzeit wurde eine der modernsten Skisprunganlagen der Welt in Leichtbauweise errichtet. Damit ist in Klingenthal nicht nur ein Skisprungzentrum entstanden, sondern auch ein vielfach ausgezeichnetes architektonisches Highlight, das man ganzjährig bei einem Besuch entdecken kann. Der Besucher muss den Weg zum Schanzenturm nicht per pedes zurücklegen, sondern wird bequem mit der schienengeführten Erlebnisbahn WieLi nach oben gefahren. Auf der 300 Meter langen Fahrt kann man den Ausblick auf die Schanze in aller Ruhe genießen. Die spannende Bahnfahrt führt am Aufsprunghang, am Kampfrichtergebäude und am Schanzentisch vorbei. Und so ganz nebenbei überwindet die Bahn 100 Höhenmeter. Oben angekommen, wartet ein wahres Highlight. Eine scheinbar fliegende Aussichtkapsel krönt den Schanzenturm. Die Kapsel ist bei Wettkämpfen der Wärmeraum für die Skispringer. Sie erinnert ein wenig an eine auseinandergeschnittene Flugzeugkabine und das ufoähnliche Fenster ist von innen und außen spektakulär. Von hieraus bietet sich ein sensationeller Ausblick auf den gegenüberliegenden Aschberg und Teile des Vogtlands. Die Aussicht ist bei jedem Wetter wunderbar und bietet eine völlig neue Perspektive. Nur wenige Schritte neben der Kapsel wartet auf die Besucher der Blick auf den Absprungbereich an der Schanze. Es ist ein ganz besonderes Erlebnis, dort zu stehen, wo sonst die wagemutigen Skispringer zum Skisprung ansetzen. Nach dem Besuch des Schanzenturms geht es mit WieLi wieder bergab. Die Abwärtsstrecke schlängelt sich durch den Wald. Hierbei kommt fast ein bisschen Achterbahnfeeling auf – ein richtiges Erlebnis, so nah an den Bäumen hinabzusausen.

TIPP

Mehr über die Skitradition erfährt man im Musik- und Wintersportmuseum in Klingenthal.

- Sparkasse Vogtland Arena, Falkensteiner Straße 133, 08248 Klingenthal
  www.sparkasse-vogtland-arena.de
- ÖPNV: Bus 30, Haltestelle Vogtland Arena

Ein Ort, der begeistert

80

Rund um den Marktplatz von Cheb

Der Marktplatz in Cheb (Eger) ist ein richtiges Schmuckstück. Mit seinen farbenfrohen Fassaden lädt er zum Flanieren und Entdecken ein. Ganz besonders sticht dabei die Häuserzeile mitten auf dem Marktplatz ins Auge. Hier stehen elf Häuser in zwei Reihen, die nur durch eine 160 Zentimeter schmale Gasse getrennt werden. Sie bilden das sogenannte Stöckel (Špalíček), eines der Wahrzeichen von Cheb. Das Stöckel ist ein einzigartiger Häuserkomplex aus dem Mittelalter, der mit seinem Fachwerk und den teils schiefen Mauern beeindruckt. Schon im 13. Jahrhundert standen an dieser Stelle einfache Krämerbuden und Fleischbänke, die Anfang des 14. Jahrhunderts zu gemauerten Lädchen umgebaut wurden. Da diese bald zu klein wurden, man aber auch keinen Platz zur weiteren Ausdehnung nach rechts und links hatte, baute man einfach nach oben. So entstanden die prägnanten hohen Häuser mitten auf dem Markt, die heute noch das Bild des Marktplatzes prägen. Von den ursprünglich drei Häuserzeilen blieben zwei erhalten. Heute beherbergen die Häuser kleine Geschäfte, Restaurants und Cafés. Aber rund um dem Marktplatz gibt es noch eine weitere Besonderheit zu entdecken. An vielen Häusern findet man die charakteristischen Nischen, in denen früher kleine Statuen standen. Sie waren entweder kirchlich geprägt oder deuteten auf die Berufe der Hausbesitzer hin. Mit der Zeit sind viele der alten Nischenfiguren verschwunden. 2005 startete der Leiter der Galerie 4 in Cheb, Zbyněk Illek, ein Kunstprojekt zur Wiederbelebung der Nischen. Er konnte dafür zahlreiche tschechische Künstler gewinnen. Heute schmücken 17 Statuen und Bilder die Nischen der Häuser. Eines der originellsten Nischenobjekte hat dabei Jaroslav Róna geschaffen. Seine Statue „David und Goliath" befindet sich an der Nordseite des Stöckls. „David" ist dabei ein Abbild des Dalai-Lama in jungen Jahren und „Goliath" ähnelt Mike Tyson. Wer alle Figuren entdecken möchte, sollte beim Stadtrundgang die Augen nach oben richten.

TIPP

In der Touristinformation ist ein Plan aller Nischen mit Hintergrundinformationen erhältlich.

- Náměstí Krále Jiřího z Poděbrad, Marktplatz, CZ-35002 Cheb, tic.cheb.cz/DE
- ÖPNV: RB 2, Haltestelle Hauptbahnhof (rund 1 Kilometer Fußweg, 12 Minuten)

KAVÁRNA
RESTAURACE

Für Andreas, der mich bei all meinen
Entdeckungen begleitet hat.
Vielen Dank für deine unendliche Geduld.

Bibliografische Informationen der Deutschen Nationalbibliothek
Die Deutsche Nationalbibliothek verzeichnet diese Publikation in der Deutschen Nationalbibliografie; detaillierte bibliografische Daten sind im Internet über http://dnb.d-nb.de abrufbar.

2. Auflage 2023
Konzeption/Satz: Droste Verlag, Düsseldorf
Einbandgestaltung und Illustrationen: Britta Rungwerth, Düsseldorf, unter Verwendung von Bildern von © Fotolia.com: jd - photodesign.de; © iStock: Plociennik Robert
Fotos: Manja Reinhardt

FSC www.fsc.org MIX Papier aus verantwortungsvollen Quellen FSC® C011279

Druck und Bindung: LUC GmbH, Greven
ISBN 978-3-7700-2523-7

www.droste-verlag.de